改訂版
交通事故解析の基礎と応用

山崎 俊一 著

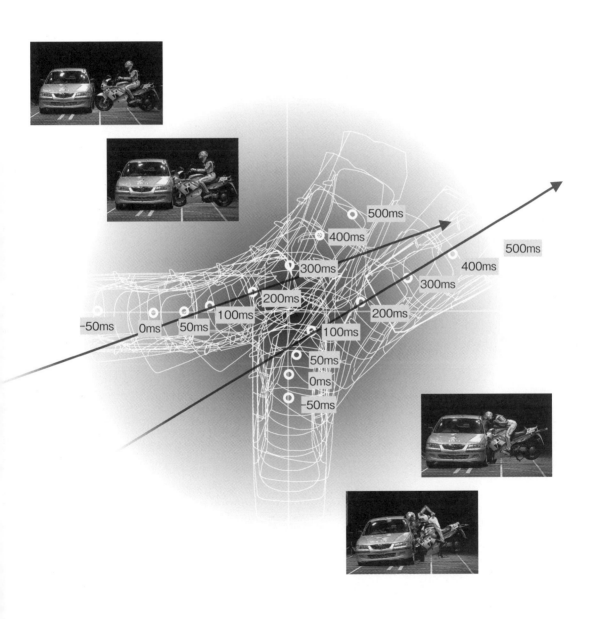

東京法令出版

改訂版発行にあたって

　改訂版を発行するにあたり，以下の項目について新たな解析事例の追加及び図版・写真の更新を行った。

基礎編

　4　タイヤの知識

　　4.4　「タイヤの性能」，4.5　「縦滑り痕」に新項目・写真を追加

　5　自動車の基礎

　　5.2　「ステア特性」，5.3　「限界旋回速度と横滑り摩擦係数」に新項目・写真・図表を追加

応用編

　7　自動車の衝突現象

　　7.2　「自動車の衝突現象」の図を，より正確なものに更新

　8　自動車のバリア換算速度，有効衝突速度及び衝突直前速度

　　8.5　「トラックの旋回時の転覆限界速度」を新登載

　　8.6　「ポール衝突事故の変形の見分と衝突速度解析」の内容を更新

　10　二輪車事故の見分方法と衝突速度解析事例

　　10.1　「二輪車事故の見分方法のまとめ」，10.3　「自動二輪車の速度解析」に写真・図表を追加

　　10.5　「二輪車の制動タイヤ痕からの事故解析事例」を新登載

　12　歩行者及び自転車事故における衝突地点の推定

　　12.3　「低速ではねられた歩行者事故」を新登載

　　12.4　「自転車事故における衝突地点の推定方法」に新項目を追加

　13　ひき逃げ事件捜査とタイヤ痕

　　13.5　「轢過の形態」に記述を追加

　引き続き本書を交通事故の解明に役立てていただき，現場の鑑識活動が適切に行われるよう願ってやまない。

令和元年6月

山崎　俊一

序

　交通事故は，自動車の普及とともに増加し，大きな社会問題になった。交通事故がなぜ起きたかを解明する研究も行われてきた。人が運転操作を過って事故が起こることもしばしばで，交通事故が減少しない要因のひとつにヒューマンエラーがある。自動車の走行安全性を高めるために，ユレクトロニクスを駆使して自動車を知能化する開発も進められている。

　交通事故の解析は，警察官による交通事故の捜査から始まる。第一線の警察官は，交通事故の現場にいち早く到着し，現場保存，実況見分，聞き込みなどの捜査を行い，これらの捜査資料から交通事故の解明が行われる。

　交通事故捜査において，被害者・加害者を問わず，交通事故当事者が求めているものは，物的証拠に基づく科学的な事故解明である。交通事故における捜査は，公正に解明されるべきであり，これによって被害者を救済し，加害者の責任を問うものでなければならない。

　交通事故の解明の重要なポイントは，実況見分が物的証拠を基礎にして詳細に行われることにあり，事故の解明結果が被害者（遺族の場合もある）及び加害者ともに容認できるものでなければならない。そのためには，現場の鑑識がもっとも重要で，すべての痕跡を採取し，さまざまな証拠から事故解析が行えるのであって，現場鑑識無しでは事故の解析はできない。

　本書は，交通事故を科学的に解析するために必要な実況見分の方法について解説した基礎編と，実際の交通事故の事例解析を示した応用編からなっている。基礎編では，タイヤの知識，自動車の基礎，事故現場の見分の基礎，事故解析のための数学及び物理を分かりやすく解説し，応用編では，実際の解析事例として，歩行者事故，自転車事故，二輪車事故，自動車同士の事故の解析手法について解説している。

　平成21年7月

山崎　俊一

目　　次

基　礎　編

1　交通事故発生経緯

1.1　自動車同士の衝突事故の解析のポイント1（衝突前の状態）……………2

1.2　自動車同士の衝突事故の解析のポイント2（衝突）………………………3

1.3　自動車同士の衝突事故の解析のポイント3（衝突後）……………………5

1.4　自動車同士の衝突事故の解析のポイント4（物的証拠及び情報収集）…7

1.5　歩行者事故の解析のポイント………………………………………………7

1.6　自転車事故の解析のポイント………………………………………………8

1.7　二輪車事故の解析のポイント………………………………………………8

2　交通事故解析のための数学

2.1　一次関数………………………………………………………………………9

2.2　二次関数………………………………………………………………………9

2.3　三角関数………………………………………………………………………10

2.4　連立方程式とその解法………………………………………………………12

3　交通事故解析のための物理

3.1　最大静止摩擦力………………………………………………………………14

3.2　運動摩擦力……………………………………………………………………14

3.3　速　度…………………………………………………………………………15

3.4　加速度…………………………………………………………………………15

3.5　減速度…………………………………………………………………………16

3.6　等加速度直線運動……………………………………………………………16

3.7　重力による運動………………………………………………………………17

3.8　放物運動………………………………………………………………………19

3.9　運動の法則……………………………………………………………………21

3.10	力，質量，重さの単位	23
3.11	角度の単位	24
3.12	運動量	26
3.13	力　積	26
3.14	運動量保存の法則	26
3.15	仕　事	29
3.16	運動エネルギー	29
3.17	エネルギー保存則	31

4　タイヤの知識

4.1	タイヤの構造	32
4.2	タイヤの呼び	33
4.3	タイヤの製造年週	35
4.4	タイヤの性能	35
4.5	縦滑り痕	38
4.6	縦滑り痕からの速度解析	41
4.7	横滑り痕	45
4.8	各種車両の制動距離	48

5　自動車の基礎

5.1	自動車の操縦性・安定性	53
5.2	ステア特性	54
5.3	限界旋回速度と横滑り摩擦係数	56
5.4	ブレーキ装置	59
5.5	自動車の前輪・後輪タイヤの役割	64
5.6	タイヤがバーストしたときの車両挙動	64
5.7	応急用タイヤ	65
5.8	空走時間と空走距離	65
5.9	運行記録計	66

6 二輪車の特性と事故解析の基礎

　6.1　二輪車の操縦性・安定性 ……………………………………………69
　6.2　二輪車及びライダの摩擦係数と二輪車用タイヤの摩擦係数 ………71

応 用 編

7 自動車の衝突現象

　7.1　自動車衝突時の時間変化 ………………………………………………74
　7.2　自動車の衝突現象 ………………………………………………………75
　7.3　車両の重心 ………………………………………………………………79
　7.4　乗員の移動方向 …………………………………………………………80

8 自動車のバリア換算速度，有効衝突速度及び衝突直前速度

　8.1　弾性衝突と塑性衝突 ……………………………………………………82
　8.2　有効衝突速度 ……………………………………………………………83
　8.3　エネルギー保存則と変形によるエネルギー吸収 ……………………87
　8.4　エネルギー吸収分布図 …………………………………………………88
　8.5　トラックの旋回時の転覆限界速度 …………………………………100
　8.6　ポール衝突事故の変形の見分と衝突速度解析 ……………………104
　8.7　車体変形の測定方法（前面部の測定例） …………………………109
　8.8　バリア換算速度の算出方法 …………………………………………110
　8.9　鑑定事例 ………………………………………………………………112

9 二輪車事故の速度解析

　9.1　自動二輪車の有効衝突速度 …………………………………………126
　9.2　スクータのバリア換算速度 …………………………………………127

10 二輪車事故の見分方法と衝突速度解析事例

10.1	二輪車事故の見分方法のまとめ	129
10.2	原動機付自転車の速度解析	134
10.3	自動二輪車の速度解析	140
10.4	計算結果の検証	146
10.5	二輪車の制動タイヤ痕からの事故解析事例	147

11 四輪車及び二輪車の潜り込み時のバリア換算速度

| 11.1 | 四輪車の潜り込み時のバリア換算速度 | 150 |
| 11.2 | 二輪車の潜り込み時のバリア換算速度 | 156 |

12 歩行者及び自転車事故における衝突地点の推定

12.1	歩行者事故における歩行者の転倒距離	159
12.2	歩行者事故における衝突地点の推定方法	161
12.3	低速ではねられた歩行者事故	167
12.4	自転車事故における衝突地点の推定方法	175
12.5	歩行者事故及び自転車事故の見分のポイント	195

13 ひき逃げ事件捜査とタイヤ痕

13.1	タイヤ痕	196
13.2	生地痕及び払拭痕	198
13.3	赤外線フィルム及びブラックライトを用いた捜査	200
13.4	擦過痕	202
13.5	轢過の形態	202
13.6	ひき逃げ事件解明事例＜高速道における接触横転事故＞	205

| 索　引 | 215 |

基礎編

1 交通事故発生経緯

　交通事故に至るまでの現象を大別すると，衝突前，衝突，衝突後とに分けられる。これらの現象を理解し，事故現場を見分する必要がある。

　交通事故は，図1.1に示すように，車両が走行中，何らかの危険を認知し，事故回避行動を行い，回避できずに衝突が生じて自動車，自転車，歩行者などがある方向に飛び出して停止する。これが交通事故現象である。事故回避行動には，ブレーキやハンドル操作による行動がある。警察官は事故に至る一連の流れを考慮して，事故の見分を行わなければならない。

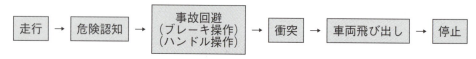

図1.1　事故の流れ

1.1　自動車同士の衝突事故の解析のポイント1（衝突前の状態）

(1) 道路情報

衝突前の道路情報として以下のことを調査・見分する。

・道路の幅員
・舗装の種類：アスファルト，コンクリート，砂利，土，芝など
・路面の状態：乾燥，湿潤，わだち掘れの有無など
・路面の勾配：横断勾配及び縦断勾配
・交差点形状：交差点の角度など
・カーブ：カーブ曲率
・道路付帯設備：ガードレール，信号，標識，電柱など
・交通規制：交通規制の種類，道路標識の位置など

(2) 当事者車両情報

当事者車両情報として以下のことを調査・見分する。

・名称：通称名，車両の三面図，自動車検査証（年式，型式，車両質量，車幅，車長，輪距，軸距）
・タイヤ：タイヤの種類，サイズ，空気圧，摩耗状態
・リム：リムのサイズ，リムの幅
・積載物の質量，種類，積載方法

(3) 当事者情報

当事者情報として以下のことを調査・見分する。

・体重

・身長

・着衣の種類

(4) 衝突前の運転者の行動，車両及びタイヤの状態

以下の項目は，事故原因の可能性があり，最初に見分しておく必要がある。

① 正常な運転状態だったか

走行速度，運転者の飲酒，脇見，携帯電話，居眠りなどの有無

② 車両に異常はなかったか（の有無）

ブレーキ装置，ハンドル装置などに故障，欠陥などの異常の有無

③ タイヤに異常はなかったか（の有無）

タイヤの誤使用，パンク，傷，故障，欠陥の有無

1.2　自動車同士の衝突事故の解析のポイント2（衝突）

(1) 危険認知地点の特定

危険認知地点について事故当事者による聞き取りを行い，調書としてその場で同意を得て作成しておく。

(2) 事故回避地点の特定

事故回避地点について事件当事者による聞き取りを行い，調書としてその場で同意を得て作成しておく。

(3) 衝突地点の特定

現場のタイヤの痕跡，ガウジ痕，散乱した車両の欠損部品等により衝突地点を特定する。ガウジ痕とは，車体やリム等の金属部分が，路面を擦過・印象した痕跡のことである。図1.2は路面に印象されたリムによるガウジ痕を示す。

図1.2　路面に印象されたリムによるガウジ痕

(4) 衝突角度及び飛び出し角度の特定

　タイヤのスリップ痕によって車両の挙動を図化し，衝突地点付近における車両の車両同士の損傷部位を突き合わせて，衝突角度を特定する。さらに，衝突直後の車両の重心点の移動から飛び出し角度を特定する。図1.3に損傷部位の突き合わせを示す。

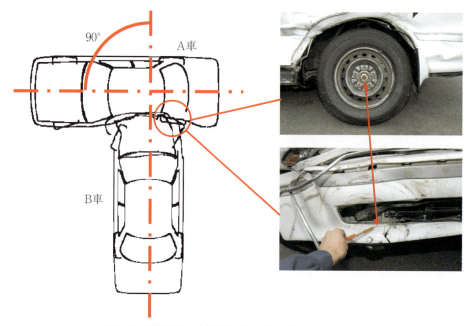

図1.3　衝突面の痕跡及び車両変形図の突き合わせ

　図1.4は，衝突した車両のタイヤ痕跡上に衝突車両を置いて，衝突角度を確認した状況を示す。

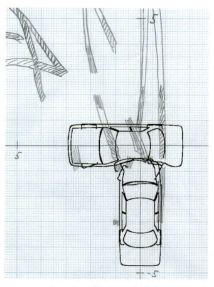

図1.4　タイヤ痕跡上の車両と衝突角度

1.3　自動車同士の衝突事故の解析のポイント3（衝突後）

(1)　最終停止位置

最終停止位置は，聞き取りや痕跡から早めに捜査する。状況を写真撮影し図面に記録する。図1.5及び図1.6はA車及びB車の損傷状況を示す。

図1.5　A車の損傷状況

図1.6　B車の損傷状況

(2)　車両の挙動

タイヤ痕跡などを図化し，車両挙動を記録する。タイヤ痕の状況を前後・左右横から写真撮影し，記録する。タイヤの表面を写真撮影する。図1.7は，車両の停止位置とタイヤ痕跡図を示す。図1.7から分かるように，タイヤ痕跡の筋模様の角度や線の状況を正確に記載することが重要である。

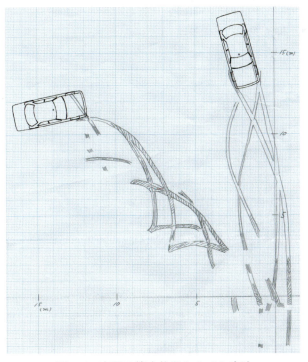

図1.7　車両の停止位置とタイヤ痕跡

図1.8及び図1.9は，A車及びB車の衝突後の車両挙動を示す。

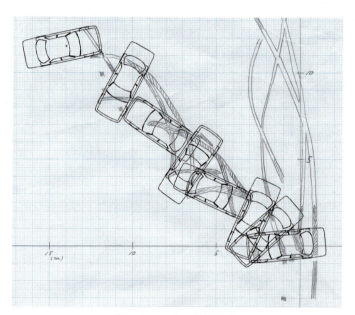

図1.8　A車の車両挙動

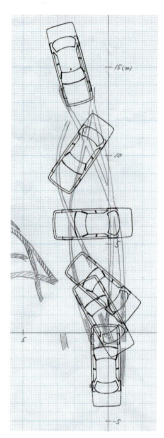

図1.9　B車の車両挙動

(3) **車両（外部及び内部）の損傷**

車両の内外の損傷状態を写真撮影し，損傷部位を記録する。バリア換算速度を算出するため，車両の前面及び側面の凹損をバンパーラインの高さで測定する。

(4) **乗員の損傷部位**

乗員の損傷部位を室内損傷と乗員損傷から確認し，記録する。

(5) **乗員の挙動**

乗員の挙動を車室内の損傷及び乗員の損傷から確認し，記録する。

(6) **シートベルト着用の有無**

シートベルトのベルトの擦過痕，ベルトDリングやタングの溶融痕，乗員衣服の擦過痕，乗員の皮下出血等を観察し，写真撮影し，記録する。この場合の溶融痕は，布ベルトとDリングやタングが強く擦れて，プラスチック部分や布が溶けることをいう。

1.4 自動車同士の衝突事故の解析のポイント4（物的証拠及び情報収集）

以下のことを実施し，記録する。

(1) 情報収集（情報提供者の証言）

目撃者の証言の聴取，衝突音，ブレーキ音などの音を聞いた人の証言の聴取を行う。内容は，聴取した後に真偽を検討する。

(2) 物的証拠の収集

交通事故の解明のための物的証拠には以下のようなものがあり，採取する。

① 道路上のもの

・路上痕跡：タイヤ痕，ガウジ痕，バイクの擦過痕，衣服や靴などの擦過痕

・路上散乱物：ガラス片，車体部品，塗膜，油脂，靴など

② 車両及びタイヤ

・事故車両の停止地点と車両の姿勢

・事故車両の破損部位，擦過痕，変形状況

・車両写真（八方から撮影）

・路面のタイヤ痕の写真（前後方向から撮影）

・事故車両の車室内変形（ガラスやインパネなどの乗員衝突位置）

・歩行者，自転車などの最終停止位置

・タイヤ表面の擦過痕

・リム表面の擦過痕

③ 人体

・人体の傷害部位，傷害内容，傷害程度

・乗員の乗車位置とシートベルト着用の有無

④ その他

・ハンドルやセレクターレバーの指紋

・ガラスや車室内に付着した毛髪や皮膚痕跡，毛根の向き

・エアバッグの表面の痕跡

1.5 歩行者事故の解析のポイント

① 衝突地点

② ボンネットあるいはフロントガラス上の被害者の重心位置（へその位置）

③ 被害者の路面上の擦過痕と擦過方向

④ 被害者の転倒状況（頭部や足の向き）

⑤　ブレーキ音の聞き込み

1.6　自転車事故の解析のポイント

①　衝突地点
②　ボンネットあるいはフロントガラス上の被害者の重心位置（へその位置）
③　自動車と自転車の衝突角度（突き合わせ）
④　衝突角度から見出す自転車の衝突速度
⑤　被害者の路面上の擦過痕と擦過方向
⑥　被害者の転倒状況（頭部や足の向き）
⑦　ブレーキ音の聞き込み

1.7　二輪車事故の解析のポイント

①　衝突地点の発見と衝突地点の二輪車のタイヤ痕
②　衝突角度（突き合わせ）
③　自動車の凹損測定
④　二輪車の軸間距離の測定
⑤　二輪車乗員頭部の自動車への衝突位置
⑥　二輪車のステップ，ハンドル，マフラーなどの擦過方向と路面の擦過方向との突き合わせ

　本章では，交通事故解析の基本について述べた。交通事故解析は，基本的に警察官が作成した実況見分調書をもとに行われる。したがって，交通警察官は，交通事故見分調書における正確な測定，写真や図面による正確で適確な表現，記載が実施されるようにチェックシートを作成することを勧めたい。

2 交通事故解析のための数学

交通事故を科学的に解析するためには，一次関数，二次関数，三角関数，連立方程式とその解法などの知識が必要である。それらについて解説する。

2.1 一次関数

一次関数の一般形は，$ax+by+c=0$である。

実際に数値を入れた形の例として，$2x-y+5=0$を示す。

yを求める式に変えると，$y=2x+5$となる。

この関数を図に表すと図2.1となる。

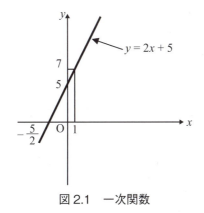

図2.1 一次関数

この直線は，$x=0$のとき，$y=5$

$x=1$のとき，$y=7$

となる。

一次方程式は，$2x-y+5=0$で，この解は一次関数の$y=0$のときのxの値を求めることである。つまり，$x=-\dfrac{5}{2}$が解である。

2.2 二次関数

二次関数の一般形は，$y=ax^2+bx+c$ $(a \neq 0)$である。

実際に数値を入れた形の例は，$y=2x^2-4x-3$を示す。

この式を図に表すと図2.2となる。

二次方程式は，$y=ax^2+bx+c$ $(a \neq 0)$で，この解は，二次関数の$y=0$のときのxの値から求められる。その解（二次方程式の根の公式）は，次式となる。

$$x = \frac{-b \pm \sqrt{b^2-4ac}}{2a} \tag{2.1}$$

図2.2に示されるように，一般的にこのグラフの線は，x軸と2回交わるから，解が2つある。

二次方程式 $y = 2x^2 - 4x - 3$ を式（2.1）の根の公式に当てはめると2つのxの値が求められる。

$$x = -0.58 \text{及び} 2.58 \quad \left(x = \frac{2 \pm \sqrt{10}}{2}\right)$$

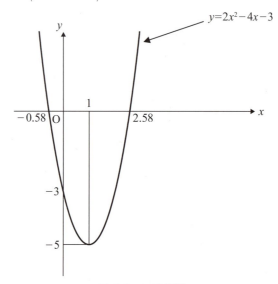

図2.2　二次関数

2.3　三角関数

三角関数とは，OA上の1点Pの座標を (x, y)，OPの長さを r とするとき，OAの回転角 θ の三角関数を図2.3に示すように，次のように定義する。

$$\text{正弦} \quad \sin\theta = \frac{y}{r} \quad \text{余弦} \quad \cos\theta = \frac{x}{r} \quad \text{正接} \quad \tan\theta = \frac{y}{x} = \frac{\sin\theta}{\cos\theta} \tag{2.2}$$

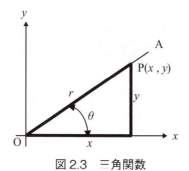

図2.3　三角関数

三角関数を分かりやすくするために，図2.4及び図2.5に $\sin\theta$ 及び $\cos\theta$ のグラフを示す。半径の中心から半径1の円の周上を線で結び，その斜線と x 軸の成す角を θ_1 とするときの $\sin\theta_1$ の値は，斜線を y 軸に投影した長さである。

同様に，$\cos\theta_1$ は，斜線を x 軸に投影した長さである。

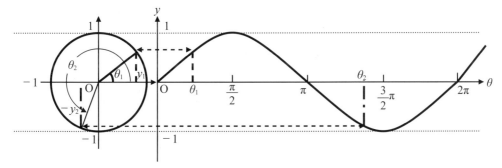

図2.4　$\sin\theta$ のグラフ

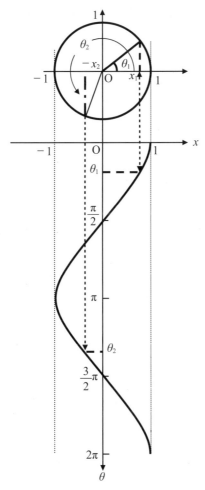

図2.5　$\cos\theta$ のグラフ

三角関数の逆関数は，次式で表される。

$$\sin\theta = A \quad \Rightarrow \quad \theta = \sin^{-1} A$$

$$\cos\theta = B \quad \Rightarrow \quad \theta = \cos^{-1} B \tag{2.3}$$

$$\tan\theta = C \quad \Rightarrow \quad \theta = \tan^{-1} C$$

● 2.4 ／ 連立方程式とその解法

方程式において，2つの未知数，例えば x や y を求めるとき，2つの方程式が必要である。

例1

2つの式から x と y を求める。

$$\begin{cases} x + y = 7 & (1) \\ 2x - 3y = -1 & (2) \end{cases}$$

解　式(1)から

$$x = 7 - y \tag{3}$$

式(3)を式(2)に代入して y だけの式にする。

$$2 \times (7 - y) - 3y = -1$$

$$-2y - 3y + 14 = -1$$

$$-5y = -15$$

$$y = 3$$

よって，$x = 4$　を得る。

別解　式(1)×2から式(2)を辺々引く。

$$\begin{array}{r} 2x + 2y = 14 \\ -)\underline{2x - 3y = -1} \\ 5y = 15 \\ y = 3 \quad \text{（以下同じ）} \end{array}$$

例2

2つの式から x と y を求める。

$$\begin{cases} x + y = 4 & (4) \\ 2x^2 + 4y^2 = 40 & (5) \end{cases}$$

解　式(4)から

$$x = 4 - y \qquad (6)$$

式(6)を式(5)に代入して，y だけの式にする。

$$2 \times (4 - y)^2 + 4y^2 = 40$$

$$2 \times (16 - 8y + y^2) + 4y^2 = 40$$

$$2y^2 + 4y^2 - 16y + 32 - 40 = 0$$

$$6y^2 - 16y - 8 = 0$$

この式は，二次方程式であるから，二次方程式の根の公式を適用して

$$y = \frac{-b \pm \sqrt{b^2 - 4ac}}{2a} = \frac{16 \pm \sqrt{16^2 + 4 \times 6 \times 8}}{2 \times 6} = 3.10, \ -0.43$$

$$x = 0.90, \ 4.43$$

を得る。よって，解は，次式となる。

$$\begin{pmatrix} x = 0.90 \\ y = 3.10 \end{pmatrix}, \quad \begin{pmatrix} x = 4.43 \\ y = -0.43 \end{pmatrix}$$

3 交通事故解析のための物理

　交通事故の犯罪捜査，犯罪証明を難しくしているのは，運動している自動車，自動二輪車，人などが衝突するという物理現象を数式で扱わなければならないからである。
　最初に，物理法則及び数学について述べたい。物理法則，数学ということばを聞いただけで難しいものと思われがちだが，交通事故鑑定で用いる物理や数学は，ほとんど高校で教わるものであり，決して難しいものではない。

3.1　最大静止摩擦力

　静止している物体に徐々に外力を加えて滑り始めるときの外力を最大静止摩擦力という。図3.1に最大静止摩擦力と静止摩擦係数の関係を示す。

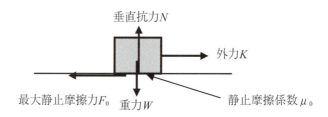

図 3.1　静止摩擦係数

最大静止摩擦力 F_0 を式で表すと次式となる。

　　$F_0 = \mu_0 N$　また　$N = W$ より，

　　$F_0 = \mu_0 W$　（μ_0 は静止摩擦係数）　　　　　　　　　　　　　　　　　　　　(3.1)

> **例題1**　路面に倒れている重量150kgfのバイクを120kgfの力で引いたとき，バイクが動き始めた。このときのバイクと路面の静止摩擦係数は，いくらか。

解答　$\mu_0 = \dfrac{F_0}{W} = \dfrac{120\text{kgf}}{150\text{kgf}} = 0.8$

3.2　運動摩擦力

　接触している2つの物体が接触面に沿って相対運動しているときに，運動を妨げようとして働いている摩擦力を運動摩擦力という。走行している自動車の制動時のタイヤと路面間で作用する力が運動摩擦力である。
　運動摩擦力 F を式で表すと次式となる。

　　$F = \mu N$　また　$N = W$ より，

　　$F = \mu W$　（μ は運動摩擦係数）　　　　　　　　　　　　　　　　　　　　　(3.2)

3.3 速度

移動量の時間に対する割合，すなわち単位時間当たりの移動量を速度という。1秒間(単位時間) 当たりに $L(m)$ 移動したときの秒速 v は，

$$v = \frac{距離\ L(m)}{1\ 秒間(sec)}\quad (m/s) \tag{3.3}$$

これを時速で表すと，

$$v = \frac{L(m)}{1(sec)} \times \frac{60 \times 60}{1000}\ (km/h)$$

つまり，(m/s)×3.6＝(km/h)

秒速を時速に変換するには，秒速の速度に3.6を掛ければよい。

> **例題2** 100mを10秒で走る短距離選手の平均速度は，いくらか。秒速と時速で表しなさい。

解答 $v = \dfrac{100(m)}{10(sec)} = 10m/s,\quad 10m/s \times 3.6 = 36km/h$

3.4 加速度

加速度は，図3.2に示されるように，単位時間当たりの速度の増加分である。時間 t_1 から t_2 の間に速度が v_1 から v_2 に加速されたときの加速度 α は次式で与えられる。

$$\alpha = \frac{v_2 - v_1}{t_2 - t_1} \tag{3.4}$$

したがって，加速度の単位は，(m/s^2) である。

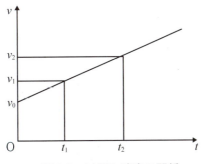

図3.2　時間と速度の関係

例題3 停止している車両が1秒後に速度20km/h（5.56m/s）であった。発進の加速度を求めよ。

解答　$\alpha = \dfrac{v_2 - v_1}{t_2 - t_1} = \dfrac{5.56 - 0}{1 - 0} = 5.56 \text{m/s}^2$

3.5 減速度

減速度は，単位時間当たりの速度の減少分である。時間 t_1 から t_2 の間に速度が v_1 から v_2 に減速されたときの減速度 α は次式で与えられる。

$$\alpha = \frac{v_2 - v_1}{t_2 - t_1} \tag{3.5}$$

したがって，減速度の単位は，（m/s²）である。減速度はマイナスとなる。

3.6 等加速度直線運動

図3.3に示される，直線上を運動している物体の加速度（減速度）α が一定の場合を考える。

図3.3　一直線上の等加速運動

時刻0における物体の位置と速度を x_0, v_0 とする。
時刻 t における物体の位置と速度を x, v とする。

$$\text{加速度} = \frac{\text{速度} - \text{初速度}}{\text{時間}} \quad \text{よって，} \quad \alpha = \frac{v - v_0}{t}, \quad v = v_0 + \alpha t \tag{3.6}$$

$$\text{移動距離} = \text{平均速度} \times \text{時間} \quad \text{よって，} \quad x - x_0 = \frac{v_0 + v}{2} t = \frac{v_0 + (v_0 + \alpha t)}{2} t \tag{3.7}$$

$$x = x_0 + v_0 t + \frac{1}{2} \alpha t^2 \tag{3.8}$$

式（3.6）及び式（3.8）から t を消去すると，次式となる。

$$v^2 - v_0^2 = 2\alpha (x - x_0) \tag{3.9}$$

例題4 速さ100km/h(27.8m/s)の自動車がブレーキをかけた。その減速度が6m/s²であると、停止するまでの時間及びその間に進む距離はいくらか。

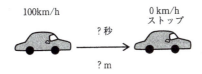

解答 式(3.6)を変形して、tについて表す。

$$t = \frac{v - v_0}{\alpha} = \frac{0 - 27.8}{-6} = 4.63 \text{sec}$$

式(3.9)から進む距離は、

$$x - x_0 = \frac{v^2 - v_0^2}{2\alpha} = \frac{0^2 - 27.8^2}{2 \times (-6)} = 64.4 \text{m}$$

となる。

3.7 重力による運動

ガリレイは、地球上で自由に落下する物体は、空気の抵抗を無視すれば、すべて下方に一定の加速度を受ける（落下の法則）ことを発見した。その加速度を重力加速度といい、一般的に$g = 9.8 \text{m/s}^2$で表す。ただし、海面上の値は赤道で9.78m/s²、極で9.83m/s²であり、1万メートルの高度では海面上での値より約0.03m/s²減少する。

基本的に重力による運動の式は、式(3.6)、式(3.8)のαを$-g$に置き換えればよい。

(1) 自由落下

図3.4を参照して、自由落下の運動の式は、以下のようになる。

$$v = gt \tag{3.10}$$
$$h = \frac{1}{2}gt^2 \tag{3.11}$$
$$v^2 = 2gh \tag{3.12}$$

地上h(m)の高さから物体を落としたとき、初速度v_0が0ならば、地面に到達するまでの時間は、式(3.11)から、

$$t = \sqrt{\frac{2h}{g}} \tag{3.13}$$

となり、そのときの速度は、式(3.12)から、

$$v = \sqrt{2gh} \tag{3.14}$$

となる。

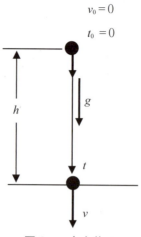

図3.4 自由落下

(2) 鉛直投げ下ろし

図3.5を参照して，初速度v_0で投げ下ろした場合の運動の式は，以下のようになる。

$$v = v_0 + gt \tag{3.15}$$

$$h = v_0 t + \frac{1}{2} g t^2 \tag{3.16}$$

$$v^2 - v_0^2 = 2gh \tag{3.17}$$

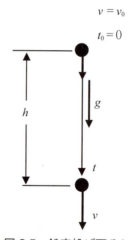

図3.5 鉛直投げ下ろし

(3) 鉛直投げ上げ

図3.6を参照して，初速度v_0で投げ上げられた物体の運動の式は，以下となる。

$$v = v_0 - gt \tag{3.18}$$

$$h = v_0 t - \frac{1}{2} g t^2 \tag{3.19}$$

$$v^2 - v_0^2 = -2gh \tag{3.20}$$

初速度v_0で地面から投げ上げられた物体が最高点に達するまでの時間t_mは，

$$t_m = \frac{v_0}{g} \tag{3.21}$$

到達しうる高さ h_m は，

$$h_m = \frac{v_0^2}{2g} \tag{3.22}$$

となる。

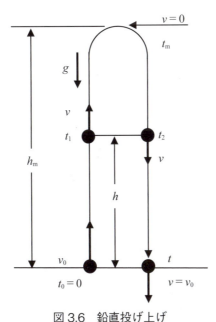

図 3.6　鉛直投げ上げ

3.8　放物運動

(1) 水平投射

　水平投射は，水平方向の等速直線運動と鉛直方向の自由落下運動の合成運動である（図 3.7）。したがって，

$$\text{地面への落下時間} \quad t = \sqrt{\frac{2h}{g}} \quad \text{（自由落下と同じ）} \tag{3.23}$$

$$\text{水平到達距離} \quad s = v_0 t = v_0 \sqrt{\frac{2h}{g}} \tag{3.24}$$

　地面に達したときの速度の水平成分は，初速度と同じ v_0 であるが，鉛直成分は $v = \sqrt{2gh}$ である。

　速度の大きさ V と速度と水平方向とのなす角 β は，次式となる。

$$V = \sqrt{v_0^2 + (\sqrt{2gh})^2} = \sqrt{v_0^2 + 2gh} \tag{3.25}$$

$$\tan\beta = \frac{v}{v_0} = \frac{\sqrt{2gh}}{v_0} \tag{3.26}$$

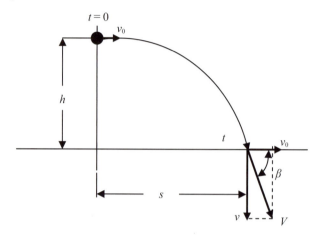

図3.7　水平投射

例題5　自動車が速度 v で，地面までの高さ h の崖から転落するとき，崖下の到達する水平到達距離 s 及び地面と衝突するときの速度の大きさ V を求めよ。ただし，$v = 80\text{km/h}$（22.2m/s），$h = 5\text{m}$ とする。

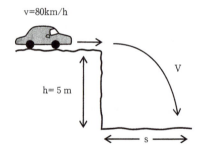

解答　用いる式は，式（3.24）及び式（3.25）である。

水平到達距離　$s = v_0\sqrt{\dfrac{2h}{g}} = 22.2 \times \sqrt{\dfrac{2 \times 5}{9.8}} = 22.4\text{m}$

衝突時の速度の大きさ
$$V = \sqrt{v_0^2 + 2gh} = \sqrt{22.2^2 + 2 \times 9.8 \times 5} = 24.3\text{m/s}\,(87.6\text{km/h})$$

(2) 斜方投げ上げ

　角度 θ で斜めに投げ上げられた物体は，放物線を描いて運動する。この運動は，図3.8のような運動である。

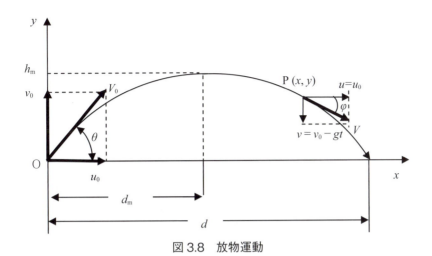

図 3.8　放物運動

初速度 V_0 の水平成分を u_0,鉛直成分を v_0,時間 t の後の速度 V の水平成分を u,鉛直成分を v とする。また,V_0 及び V が水平方向となす角を θ 及び φ とする。

初速度の成分

$\qquad$ 水平成分　$u_0 = V_0 \cos\theta$,　鉛直成分　$v_0 = V_0 \sin\theta$ \hfill (3.27)

時間 t の後の速度

$$\begin{cases} 水平成分 \quad u = u_0 = V_0 \cos\theta \\ 鉛直成分 \quad v = v_0 - gt = V_0 \sin\theta - gt \end{cases} \hfill (3.28)$$

$\qquad$ 速度の大きさ　$V = \sqrt{u^2 + v^2}$ \hfill (3.29)

$\qquad$ 速度の方向　$\tan\varphi = \dfrac{v}{u} = \dfrac{V_0 \sin\theta - gt}{V_0 \cos\theta}$ \hfill (3.30)

時間 t の後の座標

$$\begin{cases} 水平成分 \quad x = u_0 t = V_0 \cos\theta\, t \\ 鉛直成分 \quad y = v_0 t - \dfrac{1}{2} g t^2 = V_0 \sin\theta\, t - \dfrac{1}{2} g t^2 \end{cases} \hfill (3.31)$$

$\qquad$ 最高点までの到達時間　$t_m = \dfrac{v_0}{g} = \dfrac{V_0 \sin\theta}{g}$ \hfill (3.32)

$\qquad$ 最高点の高さ　$h_m = \dfrac{v_0^2}{2g} = \dfrac{V_0^2 \sin^2\theta}{2g}$ \hfill (3.33)

$\qquad$ 最高点の水平距離　$d_m = u_0 t_m = V_0 \cos\theta \dfrac{V_0 \sin\theta}{g}$ \hfill (3.34)

$\qquad$ 水平到達距離　$d = 2 d_m$ \hfill (3.35)

3.9　運動の法則

運動の法則は,力と運動との関係を言い表した法則をいい,次の3つの法則からなる。

⑴ **第1法則（慣性の法則）**

外力が加わらなければ，質点はその運動（静止）状態を維持する（力を加えられない質点は等速度運動（等速直線運動）を行う。）。

⑵ **第2法則（ニュートンの運動方程式）**

質点の運動（運動量）の時間的変化は，それにかかる力の大きさに比例し，力の方向に作用する。

⑶ **第3法則（作用・反作用の法則）**

２つの質点の間に働く力には一方の質点に作用する力だけでなく，他方への反作用の力がある。これらの力は大きさが等しく，方向が逆である。

特に慣性の法則は，重要な法則である。交通事故解析のために，十分理解する必要がある。

例題6　慣性の法則と乗員の飛び出し方向

図3.9に示すように，車両が剛体壁に斜めに衝突した。運転手及び助手席乗員がシートベルトをしていないときの乗員はどこに飛び出すか？

タイヤの横滑り痕から，車両は，約45°の角度で剛体壁に激突し，衝突後時計回りに回転して停止したものである。問題になるのは，運転者の特定である。このケースでは，車両は，剛体壁に横滑りして斜めに衝突している。剛体壁によって，車両は進行を止められるが，乗員は「慣性の法則」によってそれまでの運動を続けようとする。つまり，衝突して車両が変形している時点では，乗員はまだ，左斜め前方，矢印の方向に進んでいく。したがって，助手席乗員は，左のＡピラー方向にそのまま進行し，頭部等をＡピラーに衝突させるか，左肩等を助手席ドアに強打することになる。助手席乗員は，左のＡピラーやド

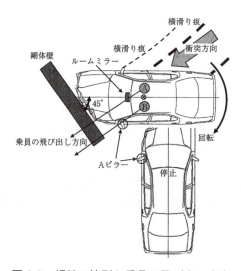

図3.9　慣性の法則と乗員の飛び出し方向

アに衝突することから，車室内にとどまり，最終的に運転席側に上体が倒れる。

　一方，運転手は，左斜め前方に飛び出し，頭部及び顔面をルームミラーなどに打ちつけ，車外に飛び出すのが一般的である。このように，衝突における飛び出しは，慣性の法則に従うものであるから，衝突の方向を突き合わせて解析することが重要である。

※　アリストテレスは，経験から「物体が速く動いているのは大きな力が加わっているからだ」としたが，誤りであった。その2000年後，ガリレオがアリストテレスの誤りに気づき，「物体は，力を加えないと同じ速さで，同じ方向に移動し続ける」という慣性の法則を見いだした。ガリレオは，摩擦や空気抵抗，重力が無視できれば，物体が一定の速さで進み続けるために，その速さがどれほど大きくても，力が加わっていることはないことを発見した。

● 3.10 ｜ 力，質量，重さの単位

　力の大小は「同じ質量をもつ物体に生じる加速度の大小」で決定する。力は，次式で定義される。

$$F = m\alpha \quad （力＝質量×加速度） \tag{3.36}$$

この式がニュートンの運動方程式である。

　そして，質量1kg の物体に1m/s^{2}の加速度を生じさせる力を1ニュートン（N）とすると決めたものである。つまり，1N＝1kg・m/s^{2}である。

　力の単位は，運動方程式という法則から質量，長さ，時間の単位と関係している。

　重力加速度 g（9.8m/s^2）については，ガリレオが，「地球上で自由に落下する物体は，空気の抵抗を無視すれば，すべて下方に一定の加速度を受け，一般的に g ＝9.8m/s^{2}である。」ことを見いだした。その加速度を重力加速度という。このことをニュートンの運動方程式で表すと，重力 W は，

$$W = mg（kg・m/s^2） \tag{3.37}$$

と表される。つまり，質量に重力加速度を掛けたものが重力である。我々が，重さと称しているのは，重力による下向きの力（地球の中心方向の力）のことである。

　これは，地球が物体を引く力であるから，物体が落下しているときも，静止しているときもいつでも作用している。体重（質量）が50kg の人は，いつも，50kg×9.8m/s^2＝490N の力で地球から引っ張られていることを意味する。しかし，日常では490N の力で引っ張られていると表現することは少なく，50kg 分の重量又は重さと表現している。この場合，50kgf（kg 重）と表現する。

　この kgf とニュートン N の関係は，運動方程式から，

$$1\text{kgf} = 1\text{kg} \times 9.8\text{m/s}^2 = 9.8(\text{N}) \tag{3.38}$$

となる。質量1kgの物体には，地球上で重力加速度9.8m/s²が作用しており，その重力が1kgfであることを意味する。

　物理学では，質量の単位はkgであるが，工学では，質量の数値をそのままkgfとし，重さとして扱ってきた。しかし，SI単位としてニュートンを用いることが主流になっており，交通事故の工学的速度鑑定は，ニュートンを用いて計算することが多い。

　式（3.36）〜（3.38）から，ニュートンの運動方程式が基本であることが分かる。力（N），重力（kgf）及び質量（kg）は，それぞれ違うものであることを理解していただきたい。

3.11　角度の単位

物理学では2種類の角度の単位が用いられている。

(1) **60分法**

全円周に立つ中心角を360度（360°）とし，1°を60分（60'），1'を60秒（60"）とするもの。

> **例題7**　道路の縦断（横断）勾配％とその角度
> 　道路の縦断勾配と横断勾配は，％で表されることが多い。例えば，下り4％の勾配のとき，これを角度で表せ。

解答　図3.10に示すように，下り4％の勾配とは，100m進んで4m下がることを表現している。

　これを角度θで表すと，100m進んで4m下がるということであるから，

$\tan\theta = 4/100 = 0.04$

$\theta = \tan^{-1} 0.04 = 2.29°$

と表される。

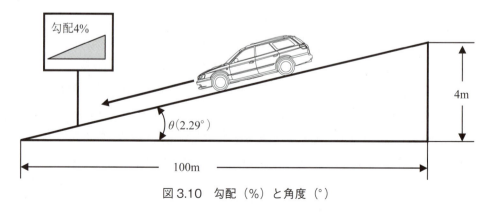

図3.10　勾配（％）と角度（°）

(2) 弧度法

「弧の長さ／半径」によって定義されるもので，これを角の弧度といい，radian（ラジアン）を単位とする。したがって，半径 r の円で，長さが s である弧の中心角を $\varphi\,\mathrm{rad}$ とすると，$s=r\varphi$ と表される。

全円周の中心角（360°）＝ $2\pi r/r = 2\pi$ rad

$1° = \pi/180\,\mathrm{rad}$，$1\,\mathrm{rad} = 180°/\pi ≒ 57.3°$

例題8　回転による角度と移動距離

自動車同士が衝突し，図3.11に示すように，円弧状に回転して停止した。重心点が円弧状に回転したとして重心点の移動距離を求めよ。

回転中心 O から重心点 G までの長さを R（10m）とし，回転角度を θ（60°）とする。回転角を θ（°）から φ（rad）に置き換える。

$\varphi = \theta \times 2\pi/360\,\mathrm{(rad)}$

　　$= 60 \times 2 \times 3.14/360\,\mathrm{(rad)}$

　　$= 1.05\,\mathrm{(rad)}$

よって，重心点の回転移動距離 D は次式で表される。

$D = R\varphi = 10 \times 1.05 = 10.5\,\mathrm{m}$

例えば，半径10mで360°では，$10 \times 360 \times 2 \times \pi/360 = 10 \times 2 \times \pi$ となり，円周の長さの公式 <u>直径×π</u> と一致する。

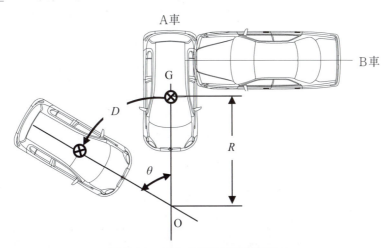

図3.11　重心点の回転移動距離 D

3.12 運動量

質量と速度との積を運動量といい，大きさと方向をもつ量である。

$$運動量 = mv (\text{kg·m/s}) \tag{3.39}$$

運動量は，自動車の衝突時の速度などを求めるために，重要な量である。

3.13 力 積

物体に運動を起こさせるには，力を要する。静止の状態から，速度 v の状態までにするには，ある時間の間，ある大きさの力を働かせる必要がある。力が大きければ物体を動かすための力を働かせる時間は短くてよいが，力が小さければ力を働かせる時間は長くなる。力と時間の積が重要な役割を持っていることが分かる。

そこで，物体に働いた力 F（N）と働いた時間 $\varDelta t$（s）との積を力積という。

$$力積 = F\varDelta t (\text{N·s}) \tag{3.40}$$

つまり，力積は運動量の変化と等しい。

例題9 急ブレーキ後に自動車が停止するまでの時間

速さ 60km/h の自動車がブレーキをかけてから停止するまでの時間を求めよ。ただし，タイヤと路面間の摩擦係数を0.7とする。

ブレーキをかける前の運動量は mv である。停止したときの運動量は，0である。運動量の増加（運動量の変化）は $-mv$ で，これが摩擦力 $-\mu W$ の力積に等しい。求める時間を t とすると，

$$-mv = -\mu Wt \tag{3.41}$$

である。また，$W = mg$ であるから，停止までの時間 t は，

$$t = \frac{v}{\mu g} = \frac{\dfrac{60}{3.6}}{0.7 \times 9.8} = 2.43 (\text{sec})$$

となる。

3.14 運動量保存の法則

運動量と力積の関係 $mv - mv' = Ft$ において，物体に働いた力 $F = 0$ ならば（力が働いていない），$mv = mv' =$ 一定となり，この式は一物体について，物体に力が働いていない限り，物体の運動量は変わらないことを意味している。

(1) 一直線上の衝突

図3.12に示すように，一直線上を運動する2つの物体が互いに作用し合いながら運動する場合を考える。

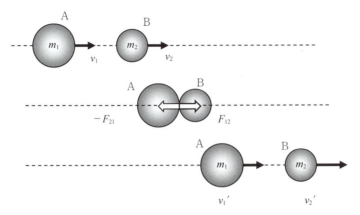

図3.12　一直線上を運動する2つの物体の運動

図3.12を参照して，質量m_1，速度v_1の物体Aと，質量m_2，速度v_2の物体Bとが衝突し，短い時間の後に，Aはv_1'，Bはv_2'の速度で離れたとする。接触して離れるまでの時間をtとし，この間のAがBに加えた平均の力をF_{12}，BがAに加えた平均の力をF_{21}とすると，

$$m_1v_1' - m_1v_1 = F_{21}t \qquad m_2v_2' - m_2v_2 = F_{12}t$$

両式を互いに加える次式を得る。

$$(m_1v_1' - m_1v_1) + (m_2v_2' - m_2v_2) = (F_{21} + F_{12})t$$

ここで，作用・反作用の法則から，F_{12}とF_{21}は，大きさが等しく，方向が反対であるから，$F_{21} + F_{12} = 0$ である。

よって，

$$m_1v_1 + m_2v_2 = m_1v_1' + m_2v_2' \tag{3.42}$$

となる。この関係式のことを運動量保存の法則という。

(2) 斜め衝突

図3.13は，滑らかな表面をもつ2つの物体が斜めに衝突したときの運動を示している。

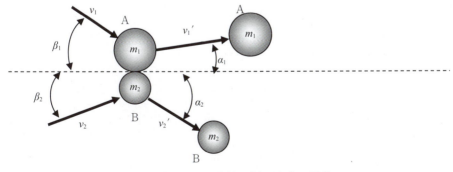

図3.13　2つの物体の斜め衝突の運動

この場合の運動量保存の法則は，次式となる．

$$m_1v_1\cos\beta_1 + m_2v_2\cos\beta_2 = m_1v'_1\cos\alpha_1 + m_2v'_2\cos\alpha_2 \tag{3.43}$$

$$m_1v_1\sin\beta_1 + m_2v_2\sin\beta_2 = m_1v'_1\sin\alpha_1 + m_2v'_2\sin\alpha_2 \tag{3.44}$$

一直線上の衝突の場合は，式（3.43）において，すべての角度を0°とすれば式（3.42）と一致する．ただし，式（3.44）は，すべてが0になる．

例題10 衝突角度と飛び出し角度

図3.14〜図3.16に示すように，質量 m_1，速度 v_1 の車両Aと質量 m_2，速度 v_2 の車両Bが斜めに出会い頭に衝突した．この衝突を運動量保存の法則の式で表せ．ただし，A車の衝突角度を β_1，B車の衝突角度を β_2 とし，A車の飛び出し角度は α_1，B車の飛び出し角度は α_2 とする．

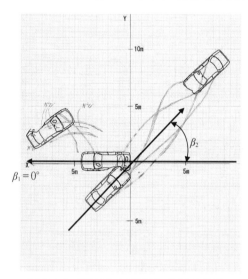

図3.14　車両Aと車両Bの衝突角度

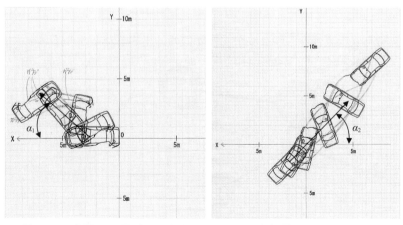

図3.15　車両Aの飛び出し角度　　図3.16　車両Bの飛び出し角度

このときの運動量保存の法則は，式（3.43）及び式（3.44）と同じ式となる。したがって，式（3.43）及び式（3.44）は，衝突した2台の速度を求めるために，重要な式である。

3.15 仕 事

力が物体に働いている間に，物体が力の方向に，ある距離だけ移動したとき，力は仕事をしたといい，式では，

仕事＝力×移動距離 (3.45)

と示される。したがって，仕事の単位は，N×mであるから，1Nm＝1J（ジュール）となる。

> **例題11** 摩擦仕事
> 図3.17に示す摩擦仕事を考える。移動する重さ W（kgf）の物体が，滑って停止した。摩擦係数を μ とし，滑った距離を S（m）とすると，摩擦力がなした仕事を求めよ。

摩擦力 F は，式（3.2）から $F=\mu W$ である。また，式（3.37）から $W=mg$ である。したがって，

$$仕事 = \mu WS\,(\text{kgf}\cdot\text{m})$$
$$= \mu mgS\,(\text{kg}\cdot\text{m/s}^2\cdot\text{m}=\text{N}\cdot\text{m}=\text{J}) \qquad (3.46)$$

で与えられる。ただし，m は物体の質量，g は重力加速度である。

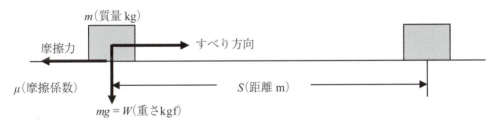

図3.17 物体の摩擦仕事

3.16 運動エネルギー

物体が運動しているために持っているエネルギーを運動エネルギーといい，物体が静止するまでに他の物体に対して行う仕事の量で測られる。

質量 m の物体が速度 v で運動しているときに持っている運動エネルギー E は，

$$E = \frac{1}{2}mv^2 \qquad (3.47)$$

と与えられる。

例題12　停止距離と制動初速度

図3.18に示すように，走行速度 v で走行している質量 m の自動車が，急ブレーキをかけて距離 S(m) 進んで停止した。タイヤと路面の摩擦係数を μ として，急ブレーキをかけたときの走行速度（制動初速度）v を求めよ。

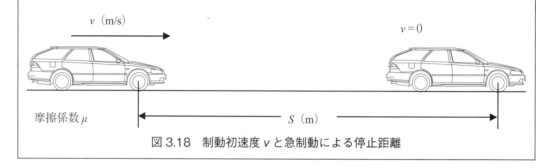

図3.18　制動初速度 v と急制動による停止距離

自動車の重さを W(kgf) とすると，摩擦力は μW と表される。よって，摩擦仕事 E_1 は，次式で表される。

$$E_1 = \mu W S \,(\text{kgf}\cdot\text{m})$$

ここで，$W = mg$ であるから，上式は，

$$E_1 = \mu m g S \,(\text{kg}\cdot\text{m/s}^2\cdot\text{m} = \text{N}\cdot\text{m} = \text{J}) \tag{3.48}$$

となる。

次に，運動エネルギー E_2 は，

$$E_2 = \frac{1}{2}mv^2 \,(\text{kg}\cdot\text{m}^2/\text{s}^2 = \text{N}\cdot\text{m} = \text{J}) \tag{3.49}$$

である。

運動のエネルギーは，摩擦力が成した仕事に変換されたので，式 (3.48) と式 (3.49) は等しいから，次式となる。

$$\frac{1}{2}mv^2 = \mu m g S$$

よって，急ブレーキをかけた速度（制動初速度）v は，次式となる。

$$v = \sqrt{2\mu g S} \,(\text{m/s}) \tag{3.50}$$

ただし，上式は秒速であるから，時速にするには，

$$v = 3.6 \times \sqrt{2\mu g S} \,(\text{km/h}) \tag{3.51}$$

とすればよい。

式 (3.50) は，スリップ痕の長さを測定して制動初速度を求める重要な式である。

ここで，運動量とエネルギーは異なるものであることに注意する。両者ともに，運動の

3　交通事故解析のための物理　　*31*

大きさを表すものであるが，運動量は，速度の方向と同じ方向をもつ量（ベクトル）であるのに対し，エネルギーは，方向を持たない量（スカラー）である。

●3.17 エネルギー保存則

前述の図3.13を参照してエネルギー保存則を考える。滑らかな表面をもつ質量 m_1，速度 v_1 の物体Aと，質量 m_2，速度 v_2 の物体Bとが衝突し，短い時間の後に，Aは v_1'，Bは v_2' の速度で離れたとする。運動量で考えるときは，衝突角度，飛び出し角度を考慮する必要があるが，エネルギーを考えるときは角度を考える必要はない。

最初に持っていたエネルギーは，衝突後に，変形に要したエネルギーや移動（摩擦）に要した仕事に変換される。

衝突後に費やしたエネルギーの和は，衝突前のエネルギーと等しく，これがエネルギー保存則である。

したがって，図3.13をエネルギーで表すと次式となる。

$$\frac{1}{2}m_1v_1^2 + \frac{1}{2}m_2v_2^2 = \frac{1}{2}m_1v_1'^2 + \frac{1}{2}m_2v_2'^2 \tag{3.52}$$

ただし，ここでは，変形などのエネルギー損失は無視している。

例題13　自動車の衝突におけるエネルギー保存則の適用

図3.14で示した，質量 m_1 のA車及び質量 m_2 のB車が衝突した場合を考える。衝突直後のA車及びB車の飛び出し速度をそれぞれ V_{slip1} 及び V_{slip2}，A車及びB車の変形による損失エネルギーを E_1 及び E_2，及び回転によるエネルギー損失を E_3 及び E_4 としてエネルギー保存則で示せ。

衝突前のA車及びB車の運動エネルギーと，衝突後に消費したエネルギーとは等しいと置けばよい。よって，次式となる。

$$\frac{1}{2}m_1v_1^2 + \frac{1}{2}m_2v_2^2 = \frac{1}{2}m_1V_{slip1}^2 + \frac{1}{2}m_2V_{slip2}^2 + E_1 + E_2 + E_3 + E_4 \tag{3.53}$$

ここで，自動車の変形エネルギーは，バリア換算速度から求めることができる。バリア換算速度及び回転エネルギーについては，後述する。

4 タイヤの知識

交通事故解析には，タイヤや自動車の知識が必要である。まずタイヤの知識から述べる。タイヤについての知識は，交通事故を捜査する上で大変重要である。タイヤの装着の誤りや故障によって，交通事故を引き起こすこともある。さらに，タイヤ痕は，交通事故の解析に重要な役割を果たし，タイヤ痕の見分は極めて重要である。タイヤ痕は，人の指紋や足跡と同様に重要な証拠であり，タイヤの痕跡が事故を解明するといっても過言ではない。

4.1 タイヤの構造

ラジアルタイヤの構造を，図4.1に示す。ラジアルタイヤは，制動性能や旋回性能，高速耐久性，耐摩耗性，低転がり抵抗性能に優れている。タイヤ各部の名称を図4.2に示す。

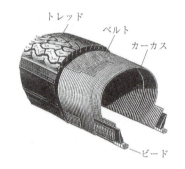

図 4.1　ラジアルタイヤの構造

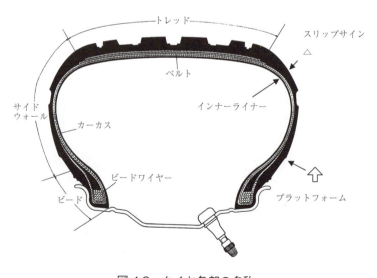

図 4.2　タイヤ各部の名称

・トレッド：タイヤが路面と接触する部分のゴム層をいう。

・サイドウォール：トレッドとビード間のゴム層をいう。

・コード：タイヤの内部でプライ（層）を形成するねじった繊維をいう。

・プライ：ゴムで被覆した平行に並ぶコード層をいう。

・カーカス：主としてプライ及びビード部からなり，タイヤの骨格を形成するもの。

・ブレーカー：カーカスを保護するためにトレッドとカーカス間に挿入されるビード部に達しないコード層をいう。

・ベルト：トレッドとカーカス間にあるビード部に達しないコード層をいう。

・インナーライナー：チューブレスタイヤの内面にはり付けられた気密保持の高いゴム層をいう。

・ビード部：スチールワイヤーの束をプライで包み，リムにかん合するように作られた部分をいう。

・ビードワイヤー：スチールワイヤーでビード部を構成する。

・スリップサイン：トレッド摩耗によるタイヤの使用限界が分かるように表示するものをいう。トレッドの溝の中に付けられる。スリップサインの位置を示すために，サイドウォールの横に三角の印△が付けられている。

・プラットフォーム：雪路用タイヤ（スノータイヤ，スタッドレスタイヤ）の積雪，又は凍結路における性能において，摩耗した雪路用タイヤの使用限界を知らせる表示で，50％摩耗時に現れるようにトレッドの溝の中に付けられている。プラットフォームの位置を示すために，サイドウォールのビードに近いところに矢印⇧が付けられている。

● 4.2　タイヤの呼び

　自動車の高速化に伴い，安全性，操縦安定性向上の要求から，タイヤは扁平化の傾向をたどり，世界各国でいろいろなサイズ，シリーズのタイヤが作られている。ここでは，統一化されている ISO（国際標準化機構）方式の呼びについて示す。

　図4.3は，乗用車用タイヤの呼びの例を示している。

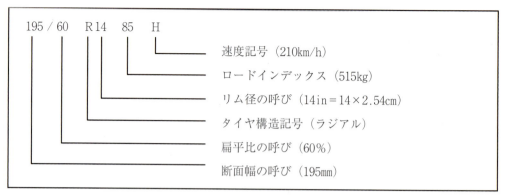

図 4.3　乗用車用タイヤの呼び

図4.4は，トラック及びバス用タイヤの呼びの例を示す。

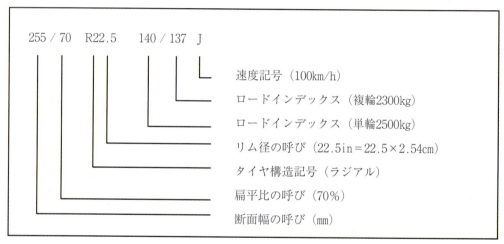

図 4.4　トラック及びバス用タイヤの呼び

表4.1に乗用車用タイヤの速度指数を示す。

表 4.1　乗用車用タイヤの速度記号と最高速度

| タイヤ表示 ||最高速度 km/h |
速度記号	速度カテゴリ	
M[(1)]	－	130
Q	－	160
S	－	180
H	－	210
V	－	240
W	－	270
Y	－	300
－	ZR	240超

注(1)　乗用車用Tタイプ応急用タイヤに適用する。

4.3　タイヤの製造年週

タイヤには，セリアル番号がすべてのタイヤに付けられ，そこにタイヤの製造年と製造週が刻印されている。図4.5に2000年以前と2000年以降のタイヤのセリアル番号を示す。

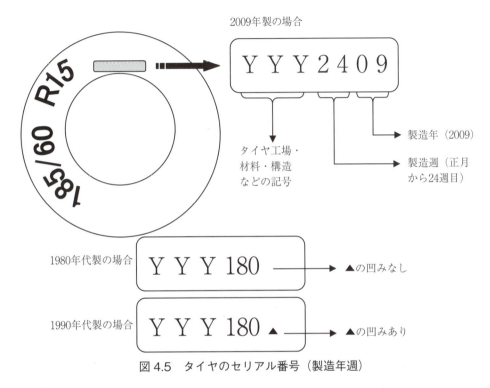

図 4.5　タイヤのセリアル番号（製造年週）

タイヤのセリアル番号による製造年週の情報は，様々な捜査に役立つ。

4.4　タイヤの性能

タイヤの基本的で重要な性能について述べる。

(1)　コーナリング性能

車両が旋回できるのは，タイヤがスリップ角に応じて横力を発生するからである。図4.6にスリップ角と横力の関係を示す。スリップ角が大きくなると横力もそれに応じて大きくなるが，約10°になるとそれ以上横力は発生しない。この最大横力をタイヤ輪荷重で除した値を横すべり摩擦係数 μy と呼ぶ。

スリップ角が0°付近の立ち上がり勾配をコーナリングパワ K （kgf/°）と呼ぶ。つまり，スリップ角が1°当たりに発生する横力を意味する。コーナリングパワは，車両の運動性能には大変重要である。タイヤのコーナリングパワは，扁平比やタイヤサイズ，荷重，空気圧，タイヤ構造によって異なる。コーナリングパワの大きさの目安を表4.2に示す。

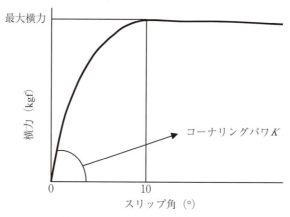

図 4.6　スリップ角と横力の関係

表 4.2　コーナリングパワの大きさの目安

タイヤ構造		コーナリングパワ K（kgf/°）
乗用車用タイヤ （輪荷重400kgf）	扁平比80%（165/80　R14）	80
	扁平比70%（185/70　R14）	100
	扁平比60%（205/60　R15）	130
	扁平比50%（225/50　R16）	160
	スタッドレス（185/70　R14）	50
	バイアスタイヤ　6.45-14	50
小型トラック用タイヤ （輪荷重980kgf）	7.00R15　LT　8P.R. （空気圧4.5kgf/cm^2）	120
トラック及びバス用タイヤ （輪荷重2700kgf）	11R22.5－14P.R. （空気圧7.0kgf/cm^2）	350

(2)　**制動性能**

　タイヤは，自動車の制動性能において重要な役割を果たす．タイヤの制動時の特性を図4.7に示す．

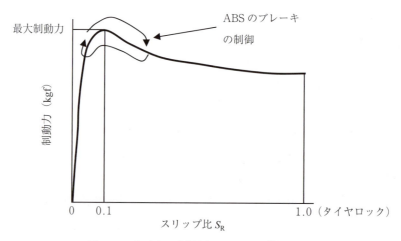

図 4.7　タイヤの制動力とスリップ比の関係

ただし，スリップ比 S_R は，次式で与えられる。

$$S_R = \frac{V_C - V_T}{V_C} \tag{4.1}$$

ここで，V_C は自動車の速度，V_T はタイヤの速度である。

タイヤの速度が自動車の速度より小さくなると制動力が発生し，タイヤの速度が0km/hになるとタイヤはロック状態となり，スリップ比は1.0となる。

ABS装置は，タイヤをロック（スリップ比を1.0に）させないために，スリップ比を約0.05～0.15になるようにタイヤの速度を制御するものである。したがって，ABS装着車のスリップ痕が薄く印象されて見えにくいのは，スリップ比を約0.05～0.3に制御しているからである。

⑶ タイヤの摩擦係数

タイヤと路面間の摩擦係数は，様々な条件によって異なる。乾燥路面，湿潤路面，圧雪路面，凍結路面など気象条件が摩擦係数に及ぼす影響が大きい。タイヤでは，ゴム質やトレッド幅（扁平比）などにもよるが摩耗度の影響が大きい。路面では，新しいアスファルト舗装の摩擦係数は大きいが，湿潤時の摩減したアスファルト路面の摩擦係数は低い。

また，摩擦係数は，滑り速度にも影響され，一般的に滑り速度が速い方が摩擦係数は低い。滑り速度とは，タイヤが完全にロックして滑っているときの速度である。

近年，ABS装着自動車が増加し，タイヤと路面間の摩擦係数の考え方も複雑になってきている。前述のように，ABS自動車のタイヤは，ロックしないように制御されているので，摩擦係数はロックさせたよりも高い値になることが多い。

① 乗用車タイヤの縦滑り摩擦係数

・縦滑り摩擦係数（ABSなし）　　　$\mu_x = 0.7 \sim 0.75$（乾燥），$0.2 \sim 0.6$（湿潤）

・縦滑り摩擦係数（ABSあり）　　　$\mu_x = 0.8 \sim 0.9$（乾燥），$0.5 \sim 0.65$（湿潤）

タイヤの湿潤時の摩擦係数は，路面の条件やトレッド摩耗度によって異なるので，事故時の観察が極めて重要になる。以下にポイントをまとめる。

・路面の見分：わだち掘れ深さの測定，路面の写真撮影

・タイヤの見分：トレッドの溝深さの測定，タイヤ空気圧の測定，タイヤの種類

② 乗用車タイヤの横滑り摩擦係数

乗用車タイヤの横滑り摩擦係数は，図4.6にスリップ角と横力の関係で示したように，スリップ角が10°を超えると最大横力を発生し飽和する。最大横力を荷重で除した値が横滑り摩擦係数である。

・横滑り摩擦係数　　　　　　$\mu_y = 0.7 \sim 0.8$（乾燥）

・横滑り摩擦係数　　　　　　$\mu_y = 0.2 \sim 0.6$（湿潤）

③ 大型トラックタイヤの縦滑り摩擦係数

・乾燥　　　　　　　　　　　　　$\mu_x = 0.4$（定積）〜0.6（空積）

・湿潤　　　　　　　　　　　　　$\mu_x = 0.3$（定積）〜0.5（空積）

④　スタッドレスタイヤの摩擦係数

・縦滑り摩擦係数（ABS あり）　　　$\mu_x = 0.7$（乾燥），0.2〜0.5（湿潤）

・横滑り摩擦係数　　　　　　　　　$\mu_y = 0.7$（乾燥），0.2〜0.5（湿潤）

⑤　乗用車タイヤにおける雪氷路面における摩擦係数

　雪氷路面における摩擦係数は，気温，日照，踏み固め状態などによって異なるため，その数値を明確に示すことは難しい。代表的な圧雪及び凍結路面の摩擦係数を表4.3に示す。

表4.3　雪氷路面におけるタイヤの摩擦係数

路面	速度（km/h）	タイヤ	摩擦係数 μ
圧雪	40	乗用車夏タイヤ	0.1〜0.15
		乗用車スタッドレス	0.2〜0.3
凍結	30	乗用車夏タイヤ	0.07〜0.1
		乗用車スタッドレス	0.1〜0.2

　スタッドレスタイヤは，冬用ゴムを用いているため乾燥時の摩擦係数は夏タイヤとほとんど変わらないが，湿潤時の摩擦係数は夏用タイヤと比べて低いことに注意を要する。

　湿潤条件において，夏タイヤの摩擦係数を0.6とすると，スタッドレスタイヤでは，0.5程度である。したがって，雪が融けて路面上のわだち掘れにたまった場合や降雨時のスタッドレスタイヤの摩擦係数は，低く考える必要がある。

● 4.5 ／ 縦滑り痕

(1) 制動縦滑り痕の見分ポイント

制動縦滑り痕について以下にまとめる。

①　直進制動であれば，タイヤの接地幅が路面に印象される。

②　測定された縦滑り痕のうち，最も長いものを用いて制動初速度を計算する。

③　縦滑りを起こしたタイヤの表面は，乾燥時は消しゴムを擦ったような摩耗状態を示し，湿潤時はタイヤの円周方向に細長い多数の傷を残す。

④　タイヤのスリップ痕は，滑った方向に対し前後左右から見分し，写真を撮影する。

⑤　ABS 装着車でも制動縦滑り痕を路面に印象するので，前後両方向から見分する。

⑥　タイヤ痕が今回のものか事故以前のものかを明確にするため，路面に印象されているタイヤ痕をガムテープで採取し，ゴムの微粉末の付着が認められれば真新しいタイヤ痕と判断する。

写真4.1及び写真4.2にABS装着車によるスリップ痕を示す。

写真 4.1　ABS装着車の制動縦滑り痕
（滑り方向から見た場合）

写真 4.2　ABS装着車の制動縦滑り痕
（滑り方向の反対から見た場合）

　ABS装着車は制動したとき，縦滑り痕を印象する。しかしこれらの写真から，ABS装着車の制動縦滑り痕は，滑り方向から見るとよく見えるが，反対方向から見るとほとんど見えないことが分かる。また，ABS装置が作動したときの白線や黄線，鉄板には，タイヤの模様がくっきり印象される。

　写真4.3及び写真4.4にタイヤがロックして制動したときの制動縦滑り痕を示す。

写真 4.3　ロックして制動した制動縦滑り痕
（滑り方向から見た場合）

写真 4.4　ロックして制動した制動縦滑り痕
（滑り方向の反対から見た場合）

　ABS装着車が強く制動した場合，白線，黄線，横断歩道の白ペイントなどにタイヤのトレッド模様が印象されることがある。ABSは，1秒間に制動を細かくON-OFFするため，タイヤの模様が印象されやすくなる。写真4.5は実際の事故車が装着した前輪タイヤを示し，写真4.6は白線に印象された制動痕を示す。前輪タイヤのトレッド模様は，V字型の模様であり，印象された制動痕もV字型になっている。

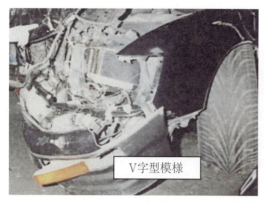 

写真 4.5　事故車の前輪タイヤ　　　　写真 4.6　路面の白線に印象されたトレッド模様

　車両が急制動した場合，タイヤの縦滑り痕が 4 本路面に印象されることがある。車両が少し斜めになれば，車両の寸法が特定できる。もしも，左右の前輪と後輪が同一の痕跡上を通過した場合，前輪と後輪の寸法を知ることは難しい。しかしながら，スリップ痕を滑った方向に見ると，前輪の縦滑り痕の上に後輪が少しずれて印象され，前輪の終点のスリップ痕と比べて不明確であったり，縦溝が途中で不連続な痕跡になったりすることがあるので，丹念に見分することが重要である。また図4.8に示すように，急制動して停止した場合，前輪のスリップ痕のゴムが，後輪のトレッドに再付着するので，後輪の停止位置が薄いスリップ痕になる。これによって，車両の前後軸の寸法を割り出すことができる。

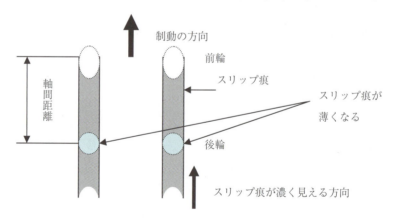

図 4.8　急制動後停止した後輪のスリップ痕

(2) 駆動縦滑り痕の見分ポイント

　駆動縦滑り痕は，急発進時に路面に印象される。急発進したスリップ痕は，図4.9に示すように，発進の始めに，タイヤのゴムの粉を後方に残す。また，回転方向にタイヤ痕が濃く印象されるので，自動車の進行方向の反対から見ると，スリップ痕が濃く見える。

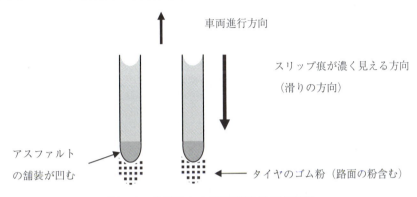

図4.9　急発進した駆動縦滑り痕の特徴

4.6　縦滑り痕からの速度解析

(1) スリップ痕長から制動初速度を求める式

　スリップ痕の見分の仕方は，路面に顔が接するように低い姿勢で見分し，前と後ろの両方から見分することが重要である。濃く見える方向から車両は制動している。また，ABS自動車の急制動時のスリップ痕は，薄いが路面に印象されるので，よく見分しスリップ痕長を計測することが重要である。

　乗用車のスリップ痕長から制動初速度 v（km/h）を算出する方法は，次式で与えられることはよく知られている。

$$v = 3.6 \times \sqrt{2\mu g L} \tag{4.2}$$

　ただし，μ はタイヤと路面間の摩擦係数，g は重力加速度（9.8m/s^2），L はスリップ痕長（m）である。この式で問題になるのは，スリップ痕長であり，摩擦係数である。タイヤのスリップ痕は，ブレーキの効き始めから付くわけではないので，ブレーキはスリップ痕の付き始めより手前から効いていると考えられる。したがって，スリップ痕長を測定する場合は，かなり薄くても見えれば測定することが必要である。また，長い方のスリップ痕で速度を算出することが重要である。

乾燥時のスリップ痕は，一般的に明確な痕跡を残す場合が多い。しかしながら，湿潤時には，ほとんどスリップ痕は見えない。ただし，湿潤路面でも，急制動したときのスリップ痕は，路面の汚れをタイヤトレッドがこすり取るので，路面が乾燥してからは，写真4.7に示すように，白く見えることがある。よって，重大な事件の場合は，路面を保全しておき，乾燥してから見分することも重要である。

写真4.7 湿潤時に制動させて，乾燥したときに見たタイヤ痕

(2) スリップ痕が印象されるまでの時間

ここで，スリップ痕が印象されるまでの時間について述べる。図4.10及び図4.11に乾燥路面及び湿潤路面の試験結果を示す。表4.4は，制動試験に用いた車両の諸元及びタイヤの諸元を示す。試験は，ABS装置の有無について比較している。

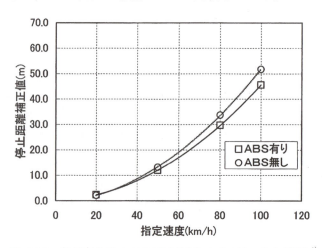

図4.10 乾燥条件における停止距離（アスファルト舗装）[1]

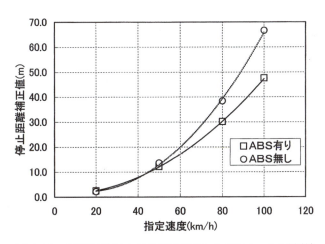

図 4.11　湿潤条件における停止距離（アスファルト舗装）

表 4.4　試験車両およびタイヤ諸元

車名	マークⅡ
型式	トヨタ　TA-GX110
全長（mm）	4735
全幅（mm）	1760
全高（mm）	1460
ホイールベース（mm）	2780
トレッド前（mm）	1495
トレッド後（mm）	1475

　ブレーキペダルに足が触れて，停止するまでの距離から，見えたスリップ痕の距離を差し引いた距離を未印象距離として整理している。スリップ痕が印象されない，未印象距離の走行時間を未印象時間とした。表4.5に各速度におけるスリップ痕の見えない未印象時間についてまとめた。この表から，ABS装置がない場合，未印象時間は，0.13秒～0.17秒である。ただし，湿潤試験後に路面が乾いたときに測定した結果，湿潤時の未印象時間は，0.04秒～0.1秒と乾燥時とほとんど同じ時間であった。このことから，この実験で示されたように，ブレーキペダルを踏み込んでブレーキが効くまでの時間を0.1秒とすることは妥当性がある。

表 4.5　各速度におけるスリップ痕の見えない未印象時間[2]

ABS：有り

制動初速度 （km/h）	停止距離 測定値（m）	最長スリップ痕 測定値（m）	未印象距離 （m）	未印象時間 （s）
20.4	2.5	1.80	0.70	0.12
50.4	12.2	10.80	1.40	0.10
80.5	30.1	28.30	1.80	0.08
100.9	46.4	44.70	1.70	0.06
			平均	0.09

ABS：無し

制動初速度 （km/h）	停止距離 測定値（m）	最長スリップ痕 測定値（m）	未印象距離 （m）	未印象時間 （s）
19.8	2.2	1.50	0.70	0.13
50.1	13.3	11.00	2.30	0.17
80.0	33.7	30.00	3.70	0.17
100.3	52.0	48.10	3.90	0.14
			平均	0.15

　図4.12は，スリップ痕長から求めた推定初速度と実際の初速度を比較した結果である。摩擦係数は0.75として求めたもので，ABS装置非装着の場合はよく一致している。ABS装着の場合は，若干一致していないが，摩擦係数を0.8～0.85で計算すると一致する。したがって，ABS装着車では，摩擦係数を0.8～0.85を適用するとよい。この図から，式（4.2）で与えられたスリップ痕長から算出する制動初速度は，スリップ痕長と摩擦係数を正しく評価すれば有益であることが分かる。

　大型車のスリップ痕長から制動初速度vを算出するには，同様に式（4.2）を用いることができる。

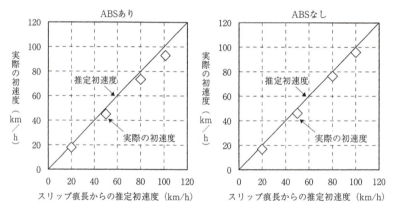

図 4.12　スリップ痕長から求めた推定初速度と実際の初速度（$\mu = 0.75$）

【参考文献】

1) 山崎俊一，岡山巧「自動車のABS装置の有無による制動距離の差異と摩擦係数」自動車研究，第15巻，第6号・pp.23−31（平成5年6月）
2) 山崎俊一「急制動したタイヤのスリップ痕が路面に印象されるまでの時間」月刊交通・pp.70−74（2006年9月号）

4.7 横滑り痕

(1) 横滑り痕の印象メカニズム[1]

　急激なコーナリングを何度も繰り返すと，ラジアルタイヤのショルダー部に波状摩耗を生じる。最後には，写真4.8に示すように，ベルトのスチールコードがある周期（40mm～50mmの間隔）で露出するに至る。

写真 4.8　タイヤの波状摩耗

　これは，タイヤの接地面に大きな横力が作用するからである。図4.13は，タイヤが大きな横力を受けたときの変形状態を示す。大きな横力を受けたラジアルタイヤの接地面は，写真4.9に示すように，均等に接地せず，浮き上がるところが出現する。これが接地面内で起こる座屈現象である。

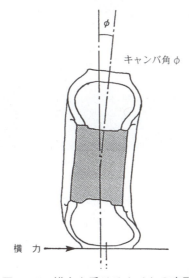

図 4.13　横力を受けるタイヤの変形

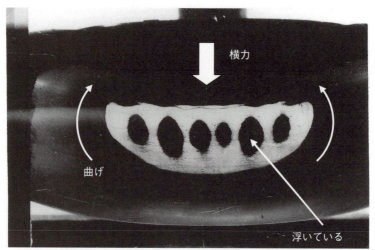

写真 4.9　静的な横力による接地面の座屈現象
（写真は，下から撮影。白色部分が路面（ガラス面）と接触）

　写真4.10は，回転中のスリップ角の横力による接地面の座屈現象を示す。スリップ角が付いたことにより，接地面に大きな横力が発生し，接地面が座屈する。座屈が起こって，タイヤの接地面が横滑りすると，波状摩耗が生じ，路面に横滑り痕が印象される。

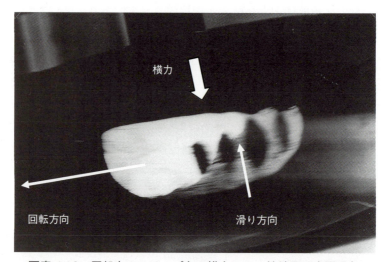

写真 4.10　回転中のスリップ角の横力による接地面の座屈現象

　座屈現象が起こるのは，接地面に大きな横力が働くことによるものである。急旋回したときにはラジアルタイヤには大きな横力が作用し，横滑りして横滑り痕を印象する。事故後に見られるタイヤの横滑り痕の縞模様は，この座屈による間隔で，その間隔は約40mm〜50mmである。このような現象は，ラジアルタイヤにしか起きない現象である。

(2)　横滑り痕

　ラジアルタイヤの座屈による横滑り痕は，トレッドパターンではないので摩耗したタイヤ（写真4.11参照）でも縞模様を印象する（写真4.12参照）。

写真 4.11　スムーズタイヤ　　　写真 4.12　スムーズタイヤが印象した横滑り痕

　写真4.13は，試験車でタイヤを横滑りさせたときのトレッド表面を示している。この写真から分かるように，回転して横滑りしたタイヤは，座屈による縞模様を路面に印象させ，トレッド表面に擦過痕が残る。また，トレッド表面の擦過痕の擦った方向は，トレッドの周方向に対して直角方向であることが分かる。写真4.13から，タイヤ表面の滑り方向は，タイヤの回転方向に直角方向であることが分かる。このことから，横滑り痕の滑り方向は，タイヤトレッドの直角方向と一致し，タイヤをその方向に置くとタイヤの回転方向が分かる。タイヤの横滑り痕から，タイヤの回転方向と滑り方向が分かるので，後輪のスリップ痕であれば，ステアしないので車両の進行方向及び車両挙動が分かり，前輪と後輪から，ハンドルの角度も求めることができる。

 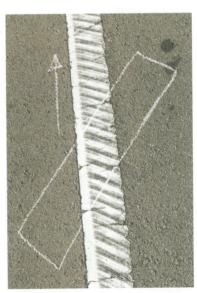

写真 4.13　横滑りしたタイヤのトレッド面　　　写真 4.14　横滑り痕とタイヤの向き

写真4.14に示すように，横滑り痕の滑り線にトレッドの滑り方向を合わせるとタイヤの向きが分かり，後輪タイヤであれば車両挙動が分かる。

4.8 各種車両の制動距離

(1) スタッドレスタイヤと夏用タイヤの制動距離

図4.14及び図4.15は，乾燥路面及び湿潤路面におけるスタッドレスタイヤと夏用タイヤの制動距離の差異を示している。ABS装置が作用しているときと作用していないときとでは，制動距離が異なることに注意が必要である。

(2) 各種車両の制動距離[2]

図4.16及び図4.17に乾燥路面及び湿潤路面における空積状態のトラック及び乗用車などの制動距離を示す。

図4.18及び図4.19に乾燥路面及び湿潤路面における定積状態のトラック及び乗用車などの制動距離を示す。

なお，表4.6～表4.10に，上記に示した車両の諸元と摩擦係数の数値を示した。

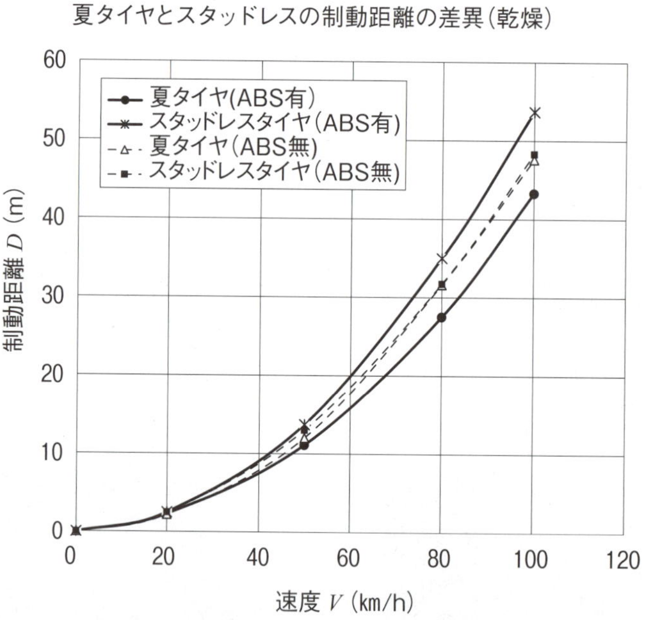

夏タイヤとスタッドレスの制動距離の差異（乾燥）

図4.14 乾燥路面における夏用タイヤとスタッドレスタイヤの制動距離の差異

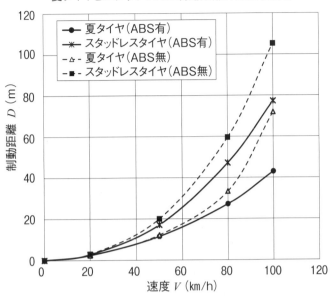

図 4.15 湿潤路面における夏用タイヤとスタッドレスタイヤの制動距離の差異

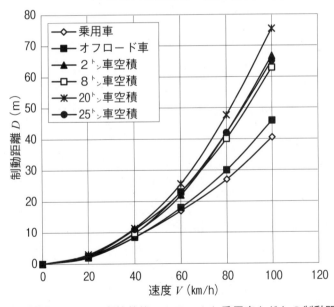

図 4.16 乾燥路面における空積状態のトラックと乗用車などとの制動距離の差異

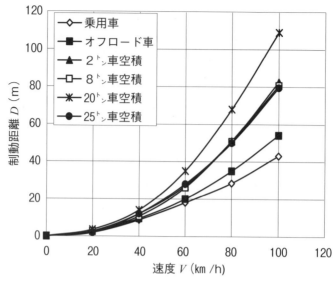

図 4.17　湿潤路面における空積状態のトラックと乗用車などとの制動距離の差異

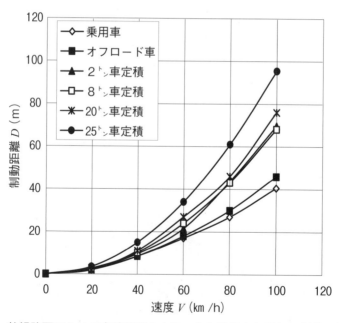

図 4.18　乾燥路面における定積状態のトラックと乗用車などとの制動距離の差異

4 タイヤの知識

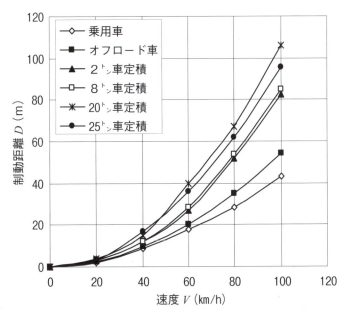

図 4.19 湿潤路面における定積状態のトラックと乗用車などとの制動距離の差異

表 4.6 乗用車及びオフロード車の車両諸元

	乗用車	オフロード車
全長 (mm)	4760	4690
全幅 (mm)	1750	1820
車両重量 (kg)	1431	2040
タイヤ本数	4	4
タイヤサイズ	195/65R15	265/70R16
総排気量 (ℓ)	1.98	2.98

表 4.7 トラックの車両諸元

項目	2トン車 空積	2トン車 定積	8トン車 空積	8トン車 定積	20トン車 空積	20トン車 定積	25トン車 空積	25トン車 定積
全長 (mm)	4680	4680	8040	8040	11990	11990	11990	11990
全幅 (mm)	1690	1690	2260	2260	2490	2490	2490	2490
車両重量 (kg)	2429	4459	3837	8122	10735	21061	10704	25061
車両総重量 (kg)	(最大積載2トン)		8000		20000		25000	
タイヤ本数	6	6	6	6	10	10	10	10
タイヤサイズ	195/70R15.5		225/80R17.5		11R22.5-14PR		前軸295/80R22.5 後軸11R22.5-14PR	

表 4.8　乗用車の摩擦係数（密粒アスファルト）

路面	タイヤ	ABS 有	ABS 無
乾燥	夏タイヤ	0.85～0.9	0.7～0.75
	スタッドレスタイヤ	0.75	0.75
湿潤	夏タイヤ	0.7～0.75	0.6
	スタッドレスタイヤ	0.6	0.5

表 4.9　オフロード車の摩擦係数（密粒アスファルト）

路面	ABS 有	ABS 無
乾燥	0.85	0.7
湿潤	0.6	0.5

表 4.10　トラックの摩擦係数（密粒アスファルト）

路面	2㌧車		8㌧車		20㌧車		25㌧車	
	空積	定積	空積	定積	空積	定積	空積	定積
乾燥	0.61	0.6	0.6	0.5	0.5	0.56	0.6	0.41
湿潤	0.48	0.48	0.41	0.41	0.38	0.39	0.5	0.41

【参考文献】

1)　山崎俊一「旋回時におけるタイヤの接地面内変形とタイヤのスリップ痕」自動車研究, 第11巻, 第2号・pp.56-61（平成元年2月）

2)　山崎俊一「大型車のタイヤ特性について―主に制動特性について―」, 走行環境を考慮に入れた車両と周辺技術の展望, №03-06, JSAE SYMPOSIUM・pp.26-31（2006年1月20日）

5 自動車の基礎

　交通事故を解析する上で，自動車の性能を知る必要がある。ここでは，自動車の操縦性・安定性，旋回性能及びブレーキ性能について解説する。

5.1　自動車の操縦性・安定性

　操縦性とは，ドライバーの意のままに進路修正できる性能であり，ハンドル操作に応じて機敏に，かつ滑らかに向きが変えられる性能をいう。安定性とは，横風等の外乱を受けたとしても速やかに安定した状態に戻れる性能をいう。例えば，大きなトラックを追い越したときにふらつきが生じても，速やかに安定した状態に戻れる性能である。図5.1及び図5.2に操縦・安定性の良い車と悪い車の例を示す。

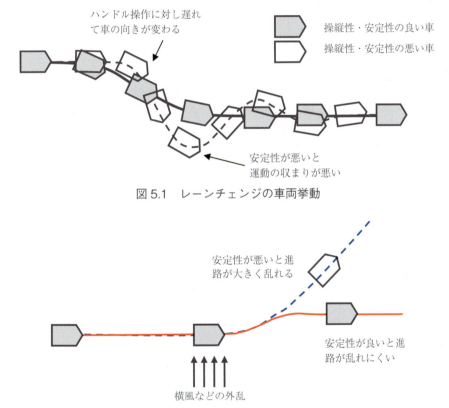

図 5.1　レーンチェンジの車両挙動

図 5.2　横風外乱を受けたときの車両の挙動

　操縦性が良い車は，安定性が悪く，安定性が良い車は操縦性が悪くなる傾向があり，操縦性と安定性は互いに相反する関係にある。自動車は，操縦性と安定性を両立させるように設計されている。

5.2　ステア特性

自動車のステア特性は，高速走行するときの安定性に大変重要である。車線変更や横風外乱を受けたときなどの車両姿勢の収まりに大きな影響を持つ。ステア特性には，アンダーステア，ニュートラルステア，オーバーステアの3つがある。ステア特性は定常円旋回テストを行って調べている。試験は，ある半径（R30mなど）の円上を極低速で走行し，ハンドルを固定し，そのまま，ゆっくり速度を増加させて車両の挙動を調べるものである。各ステア特性を以下に示す。

① アンダーステア（US）　：車両は，速度の増加とともに円の外側に膨らむ。
② ニュートラルステア（NS）：車両は，速度が増加しても円の上を走行する。
③ オーバーステア（OS）　：車両は，速度が増加すると円の内側に入り込む。

現在，売られている自動車はすべて，アンダーステアに設計され，オーバーステアの車は，操縦が極めて難しく危険なため設計されない。アンダーステアに設計された自動車も，タイヤが不適正な状況になるとオーバーステアの車両に変わるので注意が必要である。図5.3は円旋回におけるステア特性を示している。

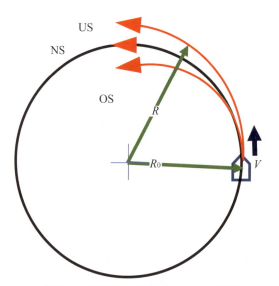

図5.3　定常円旋回試験とステア特性

図5.3に示したように，低速時の半径を R_0，速度を速めた時の半径を R，その時の速度 V とする。スタビリティファクター K_S は，次式で表される。

$$\frac{R}{R_0} = 1 + K_S V^2$$

スタビリティファクター K_S は，次のようにステア特性を表す指標となる。

$K_S > 0$：アンダーステア

$K_S = 0$：ニュートラルステア

$K_S<0$：オーバーステア

車両のステア特性は，前輪と後輪のコーナリングパワが大きな役割を担っている。いま，車両の重心位置と前軸，後軸の距離を図5.4のように考える。

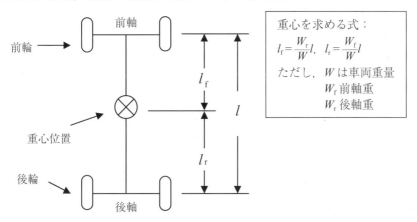

図5.4　車両の重心位置と前軸，後軸の距離

また，前輪のコーナリングパワをK_f，後輪のコーナリングパワをK_rとすると，ステア特性の条件は以下のようになる。

① アンダーステア　　　　$l_f K_f - l_r K_r < 0$
② ニュートラルステア　　$l_f K_f - l_r K_r = 0$
③ オーバーステア　　　　$l_f K_f - l_r K_r > 0$

ここで示したように，オーバーステアの条件を満たすと，危険な車両に変化する。オーバーステアになる例を以下に示す。

1）　前輪が夏用タイヤで後輪がスタッドレスタイヤ
2）　後輪の空気圧が異常に低い，あるいはパンク
3）　後輪タイヤが前輪のタイヤよりかなり細いタイヤ

以下に実例を示して説明する。

例

後輪駆動車で，標準タイヤサイズが185/70　R14（夏用タイヤ）のとき，後輪のみにスタッドレスタイヤを装着した。高速道路で大型車を追い越したとき，横風外乱を受けてふらつきを起こして転覆し，3名が死亡した。

一般的には，ハンドル操作の誤りとして処理される。しかし，後輪にスタッドレスを装着しなければ，この事故は，起きない。オーバーステア特有の事故といえるもので，危険なタイヤ装着である。185/70　R14のタイヤの前輪コーナリングパワは約100kgf/°で，後輪は約90kgf/°である。重心位置から前軸及び後軸までの距離を1.2m，1.4mとして，ステ

アの条件式に当てはめると以下のようになる。

4輪とも夏用タイヤであれば，

$l_f K_f - l_r K_r = 1.2 \times 100 - 1.4 \times 90 = -6 < 0$

となりアンダーステアである。後輪にスタッドレスタイヤを装着すると，コーナリングパワは50kgf/°であるから，

$l_f K_f - l_r K_r = 1.2 \times 100 - 1.4 \times 50 = 50 > 0$

となり，同じ車両でもオーバーステアに変わってしまう。

したがって，事故見分で，装着タイヤの状態（装着状況，空気圧等）を調べて記載しておくことは重要である。

5.3　限界旋回速度と横滑り摩擦係数

道路のカーブを走行するとき自動車は，遠心力により円の外側に飛び出そうとする力を受ける。また，ある速度で右折や左折をするときも，同様に遠心力を受ける。図5.5に示すように，タイヤが遠心力と釣り合った横力を発生すれば，ドライバーの意図とする方向に運転することができる。

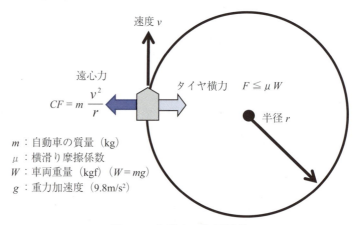

図5.5　自動車の旋回運動

道路のカーブを安全に曲がるために，一般的に制限速度が設定されている。自動車は，安全に曲がれるための限界速度をもっている。タイヤが発生できる最大横力は，$F = \mu W$ である。これと遠心力が等しいとしたときの速度が限界旋回速度である。したがって，限界旋回速度 v_{CR} は以下のように求められる。

$$m \frac{v^2}{r} = \mu W$$

ここで，$W = mg$ より，$m \dfrac{v^2}{r} = \mu mg$

したがって，$v^2 = \mu g r$ → $v_{CR} = \sqrt{\mu g r}$ （m/s）

$$v_{CR} = 3.6 \times \sqrt{\mu g r} \quad (\text{km/h}) \tag{5.1}$$

　カーブを曲がりきれなくて事故を起こす場合は，この限界旋回速度を超えて運転していたと考えられる。ここで，道路のカーブの半径を求めるには，次頁の図5.7に示すように，縮尺図面を用いて求める。

　また，自動車が横滑りしてタイヤの横滑り痕（ヨーマーク）を印象させたときも，その曲線から同様に，横滑り時の限界旋回速度を求めることができる。

　図5.6は，定常円旋回試験を行い，スタビリティファクターを測定した結果である。この車両の限界旋回時の横向き加速度は，約0.8Gである。この図は，タイヤの限界時の横滑り摩擦係数が約0.8あったことを示している。

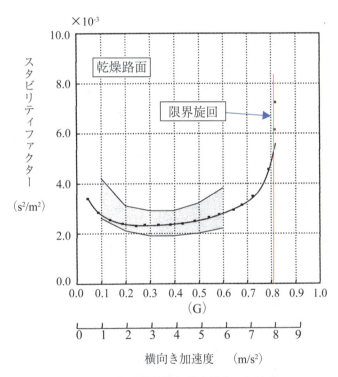

図5.6　限界旋回時の最大横向き加速度

　写真5.1は，タイヤの横滑り角度と横滑り痕を示している。タイヤは，横滑り角が10°を超えるとほぼ一定の最大横力を発生し，荷重で除した値が横滑り摩擦係数となる。

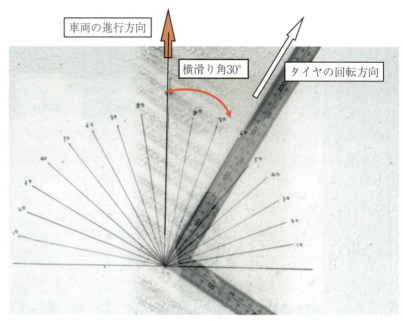

写真 5.1　タイヤの横滑り角度と横滑り痕

表5.1は，横滑り角が30°の時の横滑り摩擦係数の測定結果である。

表 5.1　横すべり角 30 度の時の横滑り摩擦係数の測定結果

タイヤ名	サイズ	速度 V	内圧	荷重 W	横滑り摩擦係数 μ
BS B500Si 夏タイヤ	215/60R16 95H	＊＊＊	200kPa	664kgf	0.773
スムーズタイヤ	185/70R13 86S	＊＊＊	200kPa	658kgf	0.764
YG GEOLANDAR G035 M+S（新車装着用タイヤ）	215/60R16 95H	＊＊＊	200kPa	668kgf	0.798
BS BLIZZAK REVO 1 スタッドレスタイヤ	205/65R15 94Q	＊＊＊	200kPa	659kgf	0.684

よって，横滑り痕が印象されている場合は，横滑り摩擦係数は0.7～0.8を採用する。

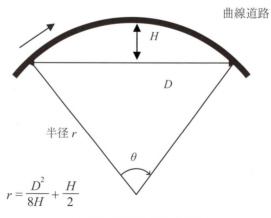

$$r = \frac{D^2}{8H} + \frac{H}{2}$$

図 5.7　道路半径の求め方

〈路面の横断勾配がある場合の限界旋回速度〉

　図5.8に示すように，急なカーブなどには外に飛び出しにくいように路面に横断勾配という傾きを施している。この場合，限界旋回速度が高くなる。路面に横断勾配 θ がついている場合の限界旋回速度は，次式となる。

$$V_{CR} = \sqrt{gr\frac{\mu + \tan\theta}{1 - \mu\tan\theta}} \tag{5.2}$$

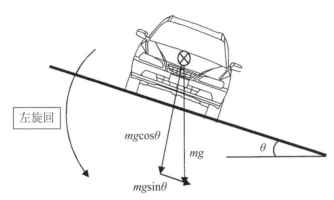

図 5.8　横断勾配を持つカーブの旋回

5.4　ブレーキ装置

　自動車のブレーキ装置は，自動車を停止させるための唯一の装置であり，保安上極めて重要なものである。したがって，ブレーキ装置は耐久性に富み，作動が確実で効きが良く安定していて信頼性が高く，点検整備がしやすいものでなければならない。

　ブレーキ装置に対する要求性能及び構造は，各国の法規あるいは規格により定められている。日本では，「道路運送車両の保安基準」，「新型自動車審査基準」，「JIS（日本産業規格）」及び「JASO（日本自動車技術会規格）」などに要求性能，構造および試験法が定められている。

(1)　ブレーキの効きの安定性

　自動車はいろいろな気象条件の下で走行するので，異なった路面状態で安定したブレーキの効きが要求される。用語について説明する。

　① フェード

　高速からの制動，長い下り坂の走行，あるいは短時間でのブレーキの繰り返しの使用などにより，ブレーキ温度が上昇して摩擦材の摩擦係数が低下して効かなくなる現象をフェードという。

　フェードを起こしにくくするには，摩擦面の温度を下げることであり，ロータを大きくしたり冷却性を良くしたりすることである。

② ウォーターフェード

摩擦面が濡れることにより摩擦材の摩擦係数が低下し，ブレーキの効きが悪くなる現象をいう。

③ スピードスプレッド

高速からの制動などで車速変化により効きが変わる現象をいう。

④ ベーパロック

繰り返しのブレーキ使用などでブレーキ系統が高温になり，ブレーキ液が沸騰してシリンダや配管内に気泡を生じ，ブレーキが正常に効かなくなる状態をいう。これは，停止後の放置（ソーク）時に起こることもある。

(2) ブレーキ時の安定性

① 片効きの安定性

熱履歴や異物の侵入により摩擦材の特性が変化し，左右輪の制動効力が異なり，制動時の車両の方向安定性が損なわれる現象をいう。前輪の制動力配分が大きい前輪駆動車では，左右の制動力差による片効きを起こさないように，工夫がなされている。

② ロック制動時の安定性

1) 前輪のみロック：強くブレーキを作用させた場合，制動力配分によって後輪よりも前輪が強く早く効き，ロックすることがある。前輪がロックするとハンドル操作しても旋回不能になる。

2) 後輪のみロック：強くブレーキを作用させた場合，何らかの原因で後輪がロックしてしまうと，スピンしやすくなり，わずかな外乱により尻振り現象を起こす。危険な状態である。

3) 前後輪同時ロック：前後の効きに遅れがなければ，直進制動状態になる。前後輪同時ロックの制動力配分は最も効きが有効で理想的な制動状態である。

図5.9に示すように，後輪が前輪よりも先にロックするとスピンを起こす。また，図5.10に示すように，トラクタの前輪がロックした場合は安定で真っすぐ停止できる。しかしながら，トラクタの後輪が先にロックするとジャックナイフ現象を起こし，トレーラのタイヤが先にロックするとスイング現象を起こす。いずれの場合も，大変危険な車両挙動になるので，ブレーキの役割は，大変重要である。

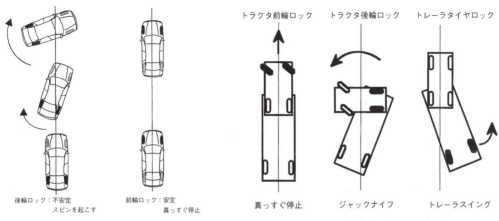

図5.9　乗用車の制動安定性　　　　図5.10　連結車の制動安定性

③　前後ブレーキ配分

図5.11に示すように制動力の分配は前輪が後輪よりも先にロックするようになされている。前輪荷重が重いことも影響し，前輪が先にロックするように前輪のブレーキ配分が大きくなっている。したがって，後輪が先にロックすることはない。

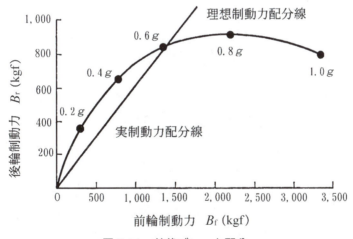

図5.11　前後ブレーキ配分

(3) ブレーキの機構

①　ドラムブレーキ

ドラムブレーキの基本構造は，主にブレーキトルクを受けるバッキングプレート，ブレーキシュー及びホイールシリンダからなっている。ブレーキシューは，半月形部材にライニングを貼り付け，シューの一端からホイールシリンダの働きで作動力を入れ，他の端をブレーキトルクを受け入れるアンカー部とし，シューを車軸と一緒に回転しているドラムに内側から押し付けて摩擦させ，車両の回転を止める構造になっている。その他の個性部品として，シューを作動後，元の位置へ戻すリターンスプリングと，シュー

をバッキングプレートに保持しておくシューホールドダウンスプリングなどがある（図5.12参照）。

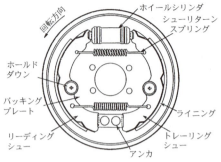

図5.12　ドラムブレーキの基本構造

② ディスクブレーキ

ディスクブレーキの基本構造は，回転する円盤の両側に摩擦材を押し付けてブレーキ力を発生させるものである。図5.13にディスクブレーキの基本構造を示す。一般にディスクブレーキは，ドラムブレーキに比べ効きが安定しており，片効きによるハンドル取られの防止や安定したブレーキ効力の確保の面で有利であり，これらが乗用車の前輪によく用いられる理由になっている。

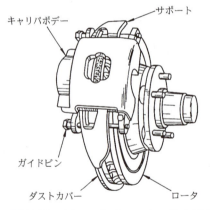

図5.13　ディスクブレーキの基本構造

(4) リターダ

トラックやバスなど大型車両では，長い坂道を乗用ブレーキだけで下るとフェードを起こしたりライニングやパッドを傷めたりする。リターダは，主にブレーキ装置の補助として自動車の速度を落とす，あるいは制限するために連続的に使用する装置である。

① エンジンブレーキ：エンジンの内部抵抗により自動車を減速させる作用
② 排気リターダ　　：排気ガスの流れを阻止することによってエンジンの内部抵抗を増して自動車を減速させる機構（排気ブレーキ）
③ エンジンリターダ：バルブタイミングを変えることによってエンジンの内部抵抗を

増して自動車を減速させる機構
④ 流体式リターダ ：流体中で羽根が回転するときに発生する抵抗によって自動車を減速させる装置
⑤ 空気式リターダ ：走行中の自動車の車体や車体に連結させた装置の空気抵抗を増して自動車を減速させる装置
⑥ 電磁式リターダ ：電磁コイルで磁場を作り，この中で金属円盤を回したときに発生する渦電流抵抗により自動車を減速させる装置

(5) ブレーキ配管の分割

主ブレーキの配管の一部が破損しても制動力を確保できるように，配管を分割することが，道路運送車両の保安基準に定められている。これらの配管は，図5.14に示すように，H配管 (a)，あるいは X 配管 (b) と呼ばれているものの他，様々な分割方式がある。H配管では，前輪ブレーキ系統の失陥時に性能低下が著しいので，X配管のようなブレーキ系統も採用されている。前輪ブレーキホースが失陥した場合の停止距離は，通常のブレーキによる停止距離の約3倍と長くなる。

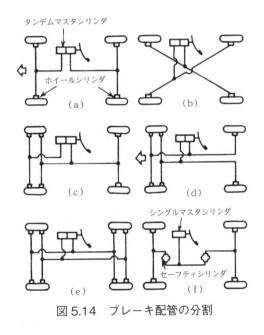

図 5.14　ブレーキ配管の分割

例として，表5.2に，乗用車（H配管）における前輪ブレーキホースが失陥した場合の停止距離を示す。

表 5.2　ブレーキ失陥時の停止距離（湿潤路面）

ブレーキ状態	制動初速度（km/h）	停止距離（m）	計算した減速度（m/s^2）
全輪正常	50	10.4	9.32
前輪失陥	50	29.8	3.24

5.5　自動車の前輪・後輪タイヤの役割

　自動車タイヤの役割を表5.3に示す。この表に示したように，操縦性は，前輪タイヤが大きく担い，安定性は，後輪タイヤが役割を大きく担っている。ブレーキは，車両の安定性のため，前輪タイヤが後輪タイヤより大きな役割を担っている。

表 5.3　自動車タイヤの役割

役割分担	操縦性	安定性	ブレーキ性能
前輪の役割	●	・	●
後輪の役割	・	●	●

5.6　タイヤがバーストしたときの車両挙動

　タイヤは，①低空気圧で高速走行，②釘を踏む，③縁石に当たる，などの場合，バースト（破裂）することがある。タイヤの前輪や後輪がバーストした場合の車両挙動は，図5.15に示すように，右輪がバーストすると右に車両が流れ，左輪がバーストすると左に車両が流れる。車両が流れる大きさは前輪の方が後輪より大きい。これらは，タイヤがバーストしたときに，ハンドルを全く保舵していない場合の車両挙動であり，前輪タイヤがバーストしたときは，両手でハンドルを保舵していれば，真っすぐ走行することができる。対向車線をはみ出して衝突した運転者が，タイヤのバーストを理由に責任を逃れようとすることが多々あるが，前輪タイヤがバーストした場合は，ハンドルがとられて，操縦不能になることはない。後輪タイヤがバーストした場合は，オーバーステアになるので，高速走行時の車両操舵は難しく，事故が起こる可能性もある。したがって，事故時のバーストタイヤの装着位置は重要である。

5　自動車の基礎　65

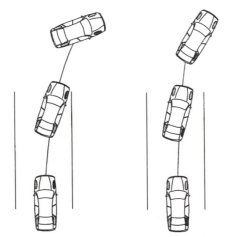

前輪：流れが大きい　　後輪：流れが小さい

図5.15　手放し状態でタイヤがバーストしたときの車両挙動

5.7　応急用タイヤ

　応急用タイヤは，タイヤがパンクした場合に，応急用として使用するものであり，最寄りのガソリンスタンド等まで走行するためのものである。応急用タイヤの空気圧は，420kPa（4.2kgf/cm²）で使用しなければならない。しかしながら，タイヤの空気は，絶対漏れるので，使用するときは空気圧をチェックする必要がある。3年以上経過すると，空気圧は半分以下に低下するので，注意が必要である。

5.8　空走時間と空走距離

　ドライバーが危険を認知し，急ブレーキを踏んでも，ブレーキが効き始めるまでにはある程度の時間がかかる。この時間を「反応時間」という。反応時間をさらに細かく分けると，①危険を感じてブレーキを踏む必要を判断し，足が動き出すまでの「反射時間」と，②足をアクセル・ペダルからブレーキ・ペダルに踏み変えるまでの「踏み変え時間」，さらに③足がブレーキを踏み込み，ブレーキが効き始めるまでの「踏み込み時間」に分けられる。
　反射時間に対応する反応には，①計画的単純反応，②意識的複雑反応，③選別反応の3つの反応が挙げられるといわれている（J. スタナード・ベーカー著「自動車事故解析の方法Ⅲ」自動車公論社・pp.81-83）。

(1)　計画的単純反応
　この場合の刺激はあらかじめ予期され，その事態が生じた場合にとる措置も運転者が既

に決断しているので，これは運転時に生じる最も一般的な種類の反応となる。計画的単純反応は，通常は習慣の問題である。

　例えば，信号が黄色に変わるときにブレーキ・ペダルの上に足をのせる等である。この反応には普通約1/4秒を要するが，足をブレーキ・ペダルに移動するためにはこのほかに1/4秒を要する。

⑵　意識的複雑反応

　この場合は，いくつかの可能性のある中から1つを選択することを要する。何を選択するかは，前もって決断されていない。例えば，歩行者が急に飛び出してきた場合には，運転者は右にターンするか左にターンするか，又はブレーキをかけるかを決断しなければならない。したがって，意識的複雑反応は，計画的単純反応よりも時間を要する。この反応の時間は，刺激の大きさ，複雑さ，選択の可能性の数，運転者の状況によって異なる。標準的には，1/2から2秒の時間を要する。

⑶　選別反応

　これは運転者が習慣的又は訓練していない2つ又は3つ以上の行動の中から，どの行動をとるかを要求されている場合，例えば，2車線にまたがって走行している車両の右にターンするか又は左にターンするか否かを決断する場合等に相当する。これは，すべての反応の中で最も時間を要する。状況が複雑で緊急性がなければ，1分前後の時間を要することもある。

　信号が変わる場合などの予測されているような反応時間は，ブレーキ・ペダルに移動する時間を含めても0.5秒程度で，踏み込み時間（0.1秒）を加えても空走時間は0.6秒と考えることができる。人間の状態を考慮して，空走時間を若干長く0.8秒として，幅をもたせる考え方がよく用いられている。

● 5.9 ｜ 運行記録計

⑴　運行記録計の種類

　運行記録計は，大型バス，大型トラック及びタクシーなど業務用車両に装備されている。運行記録計の種類は，機械式（チャート紙に記録するタイプ）が多いが，最近はデジタル式（メモリに記録するタイプ）が採用されてきている。運行記録計は，時間，速度，距離が記録され，ほかにエンジン回転数，ギヤなどが記録されるものもある。機械式運行記録計は，針でチャート紙に記録するものであるから，衝突時には衝撃により針が振動して記録されるので衝突時の速度や距離を知ることができるなど，交通事故捜査に役立ってきた。ただし，急制動中に衝突した場合は，衝突速度として断定できないので，注意が必要である。また，デジタル式運行記録計は，センサーが検知した各信号をメモリに記録するので，

衝突速度を知ることが困難になっている。

　機械式運行記録計には，120km/h 用と140km/h 用があり，チャート紙にも，120km/h 用と140km/h 用がある。見分する際に，運行記録計とチャート紙が正しく組み合わされているかを確認する必要がある。

⑵　機械式運行記録計に記録される衝突時の走行速度

　機械式運行記録計は，衝突したときの衝撃によりチャート紙にその振動波形が記録されることが多い。しかし，急制動中に振動波形が記録された場合，そのときの速度が衝突速度とはならない。後述するように，急制動中に記録されるタコチャート記録は，真実速度に追従するものではない。機械式運行記録計は，ゆっくりとした車両速度の変化だけを記録できるものである。

⑶　機械式運行記録計の性質

　機械式運行記録計は，ほとんどがプロペラシャフトの回転数から速度を検出している。これは，自動車の速度やタコチャートと同様である。したがって，測定の精度には限界がある。タイヤの空気圧や摩耗度などによっても異なるので注意が必要である。

　走行距離や速度は，運行記録からおおよそ推定することができる。例えば，高速入口では必ず停止してカードを受け取るので，速度は０になる。次の料金所まで走行すると再び速度は０になるので，その距離も正確に測定できることから，これを比較値として他の走行時の速度や走行距離を求めることができる。

　タコチャートは，長時間計測するものであるから，応答性のよいものではない。したがって，定常的な走行における距離や速度は正しく記録されるが，急ブレーキ時の速度変化や走行距離変化は，記録が追従できない。図5.16は，矢崎総業株式会社製タコチャート TC018-120W 型の急激な速度変化に対する運行記録の追従性を示している。この図から，急制動後0.5秒で車輪の回転が止まり，車速はゆっくりと低下することが分かる。この状態は，車輪がロックしてタイヤが滑っている状態で，車両は速度をもっている。このように，タコチャートは急激な車速変化に対しては追従しないことが分かる。図5.17は，急制動して，タイヤがロックした後，すぐにブレーキを解除したときの車速とタコチャートの変化を示す。この図から，タコチャートの指示は，急激な速度変化には追従しないことが分かる。この場合，実際に路面には，タイヤのスリップ痕が印象される。したがって，タコチャートの速度が０になっていなくても，縦滑り痕を印象する場合があることに注意が必要である。

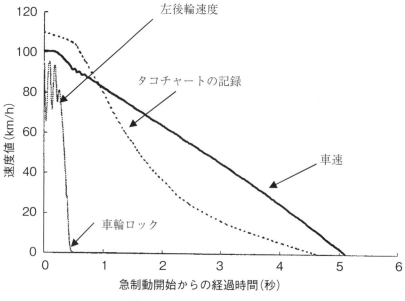

図 5.16　急制動中のタコチャート記録の追従性

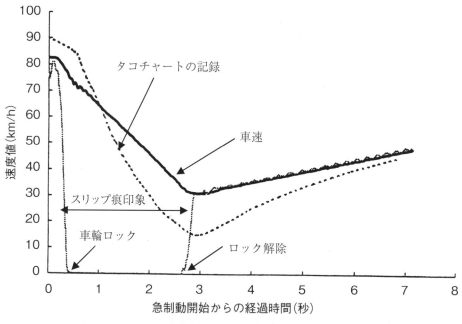

図 5.17　タコチャートの追従性とタイヤスリップ痕の印象の可能性

6 二輪車の特性と事故解析の基礎

二輪車事故では，右折自動車と直進二輪車の衝突事故が多く発生しているが，このほか，ミラー同士の接触転倒事故，軽い接触による転倒事故などがある。二輪車事故は，衝突形態によって，車体変形，二輪車挙動，乗員挙動が異なるため，その解析は難しいことが多い。

本章では，二輪車の特性と事故解析の基礎について述べる。

6.1　二輪車の操縦性・安定性

(1) 倒立振り子モデル

二輪車の直立安定性を考える場合には，倒立振り子モデルが用いられる。例えば，図6.1に示すように，倒立振り子が右側に倒れそうになった場合，振り子の下端を右に移動させれば直立性が保たれる。

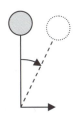

図 6.1　倒立振り子モデル

人が二輪車を運転する場合には，右側に倒れそうになるとハンドルを右に切る。すると前輪が右に移動し車体は直立して倒れない。しかし，走行状態では，人が常に直立させるための操作を行う必要はなく，二輪車には，傾いた方向にハンドルが切れる性質が備わっている。

① ハンドル系の形状による安定化

　　二輪車のハンドル系はメインフレームに対して傾いた状態で取り付けられている。このため，車輪接地点はハンドルの回転軸の延長線よりも後方に位置することになる。いま二輪車が進行方向に対して右側に傾いたとすると，図6.2に示すようにハンドル系も右に傾くことになる。このときの車輪接地点には二輪車の重みを支えるための力が上向きに作用している。ハンドル系の重心位置には重力が下向きに作用しているが，この重心位置は回転軸よりも前にあるため，重力によるトルクもハンドル系を右に回す働きがある。

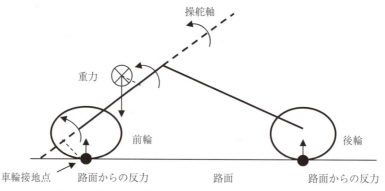

図6.2 傾いた二輪車のハンドル系に作用するトルク

② 回転する車輪による安定化

　回転している車輪に外力が作用すると，ジャイロモーメントと呼ばれるトルクが発生する。これは車輪を傾けるようにトルクを加えると，その外力の方向に対して直角方向にトルクが発生する。二輪車のハンドル系に作用するジャイロモーメントは，車体を直立させる働きをもっている。

(2) 二輪車の運動モード

　二輪車の直進安定性を支配する運動モードは，キャップサイズモード，ウィーブモード及びウォブルモードの3種類が存在する。

① キャップサイズモード

　非振動的に転覆するモードであり，主に車体の傾きを表すロール角のみの運動である。このモードは低速では安定しているが，高速ではやや不安定になる。しかし，このモードはライダの操縦により容易に安定化できる。

② ウィーブモード

　最も複雑な運動モードで，車体横移動，車体ヨーイング運動，車体ローリング運動及び操舵系の運動が連成した振動モードである。中速では比較的安定しているが，低速で不安定である。低速で二輪車が転覆する現象は，このモードが不安定になるからである。

③ ウォブルモード

　操舵系の自励振動で，低速で安定しているが高速で不安定である。

(3) 二輪車の安定性限界

　二輪車の安定性限界は3種類あり，それは1)振動モードの不安定化による動的な限界，2)傾けて旋回するが，この傾き角度の限界，3)前輪や後輪がロックしてコーナリングフォースが発生しなくなるための限界である。

① 後輪ロックの限界

　車速40km/hで直進走行しているとき，後輪がロックしてコーナリングフォースが

突然0になった場合のシミュレーション結果がある。これによると，後輪のコーナリングフォースがなくなった場合，ライダがコントロールしなければ転倒する。しかし，ライダが適切なコントロールを行うと約3秒程度は転倒しないで走行できる。

② 前輪ロックの限界

前輪がロックすると，ライダのコントロールの有無にかかわらず転倒する。このように，二輪車では前輪のロックは，転倒という決定的な限界を発生させる。

6.2 二輪車及びライダの摩擦係数と二輪車用タイヤの摩擦係数

転倒して路面を滑走した場合の二輪車及び自転車の摩擦係数を表6.1に示す。

表6.1 転倒して滑走する二輪車及び自転車の摩擦係数

滑り物体	速度（km/h）	路面	荷重（kgf）	摩擦係数 μ
オートバイ（250cc）	20	アスファルト	141	0.44
	40			0.30
ファミリーバイク	20	アスファルト	53.8	0.54
	40			0.33
50ccカブ	20	アスファルト	71	0.50
	40			0.45
自転車	20	アスファルト	20	0.50
	40			0.35

二輪車ライダの路面滑走時の摩擦係数を表6.2に示す。

表6.2 二輪車ライダの路面滑走時の摩擦係数

人	速度（km/h）	路面	体重（kgf）	摩擦係数
うつぶせ	30	アスファルト	60	0.88
仰向け	30	アスファルト	60	0.95

二輪車用タイヤ及び自転車用タイヤと路面間の摩擦係数を表6.3に示す。

表6.3 二輪車及び自転車用タイヤと路面間の摩擦係数

タイヤ	速度（km/h）	路面	空気圧（kPa）	荷重（kgf）	縦滑り摩擦係数 μ
130/80-18　66H	30	アスファルト	200	128	0.83
110/90-18　61H	30	アスファルト	200	114	0.85
自転車（26インチ）	30	アスファルト	通常	90	0.43

応用編

7 自動車の衝突現象

　自動車の衝突現象が理解できると，自動車衝突時の飛び出し角度，衝突したときの乗員の挙動などを知ることができる。自動車の衝突現象から乗員の傷害部位，車室内衝突部位の捜査が容易になる。本章は，自動車の衝突現象について述べる。

7.1　自動車衝突時の時間変化

　図7.1は，自動車衝突時の時間変化を自動車，タイヤ，車室内乗員別に示したものである。自動車と自動車が衝突した場合，自動車はその衝撃により車体変形が起こる。自動車の衝突現象で最も重要なことは，車体変形終了後に，自動車が移動を開始するということである。衝突地点の特定や衝突直後の車両挙動が，図7.1に示した衝突時の時間変化に基づいて路上痕跡であるガウジ痕やタイヤ痕から解析することができる。

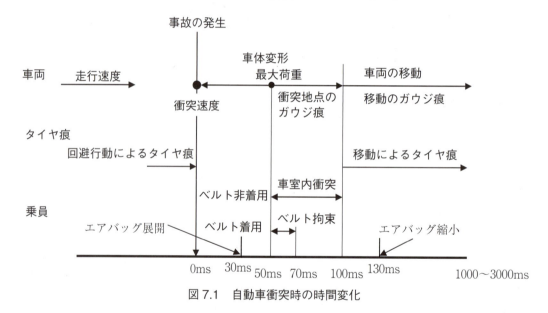

図7.1　自動車衝突時の時間変化

　衝突の瞬間を0秒とすると，自動車は衝突してから約0.1秒（100ms）間で変形が終了する。自動車に最大荷重が加わる（最大減速度が発生する）のは約50msである。大きな車体変形が生じるような高速度での衝突では，衝突車両の車底部が路面に強く接触し，ガウジ痕を路面に印象する。車体変形が生じている間は自動車の移動が起こらないから，衝突地点はこのガウジ痕を印象した部位を突き合わせることにより特定できる。

　衝突後，車体変形が生じている間，シートベルト非着用の車室内乗員は，慣性の法則によって車室内構造物へ衝突する。他方，シートベルトを着用した乗員は，衝突から50ms

〜70ms の間，ベルトにより体が拘束される。エアバッグは，最大荷重が発生する前の衝突から約30ms で展開し，変形が終了する100ms 後には，縮小を開始し，130ms ではしぼんでいる状況となる。

　衝突後，自動車は約0.1秒間変形し，変形終了後，初めて自動車の移動が起こり始める。この時，変形した自動車が移動することにより，変形したリムや自動車部品のガウジ痕や擦過痕を印象する。衝突変形中のガウジ痕や擦過痕と，変形後に移動中のガウジ痕や擦過痕は，異なった方向に印象される。この印象方向から，衝突位置や車両の飛び出し角度などを特定できるので，十分に見分することが解析のポイントである。

　事故による衝突現象は，車体変形及び車体移動してから，約１秒〜３秒程度で終了する。したがって，自動車の衝突現象を人間の目で認知することは非常に困難であり，目撃者による衝突速度の推定や衝突時の車両挙動の供述は必ずしも正確ではないことに留意する必要がある。

7.2　自動車の衝突現象

　図7.2は，出会い頭事故を想定した衝突実験の前面衝突車及び側面衝突車の車両挙動の時間変化を示す。前面衝突車の衝突速度は66km/h，側面衝突車の衝突速度は，33km/h である。この図から，前述したように，変形が終了した約0.1秒（100ms）後，自動車の移動が起こり始めることが分かる。

　車両速度の鑑定のための計算には，各車両の飛び出し角度が重要である。図7.2に示すように，飛び出し角度は，車体変形が終了した後の車両移動を図化し，車両重心位置の変化を計測することが重要である。したがって，飛び出し角度の特定は，衝突後，変形が終了し，飛び出し始めて約100ms〜300ms における飛び出し角度を計測することがポイントである。

　さらに，衝突後，自動車の重心が衝突地点から停止位置まで直線的に移動することはないということに留意する必要がある。タイヤ，リム，車体などが路面と擦過し，外力を受けるため，重心位置の移動は直線とはならないのが一般的である。衝突地点と最終停止地点を結んで飛び出し角度として，速度鑑定することは誤りである。図7.2から，300ms 以降の重心位置は曲線を描いていることが分かる。

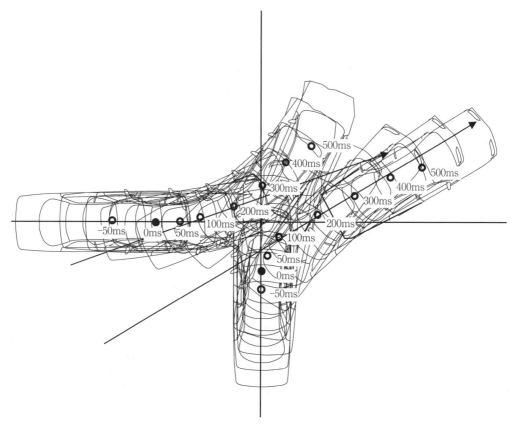

図 7.2　出会い頭衝突時の車両重心位置の移動と車両挙動

さらに，写真7.1に，出会い頭衝突の衝突後の車両移動の時間変化状況を示す。

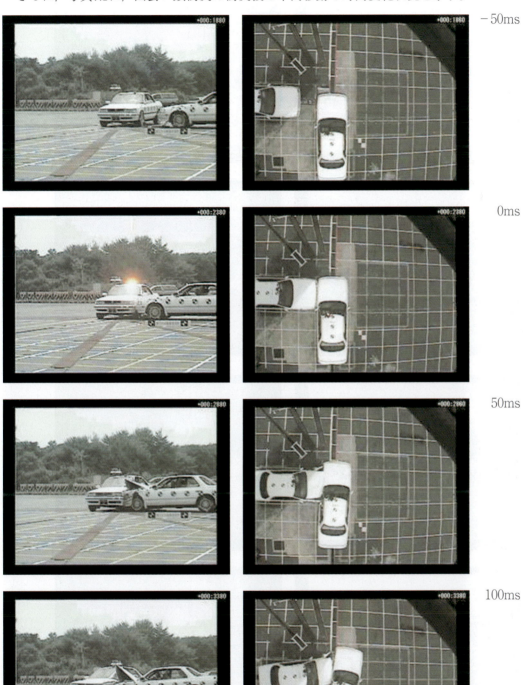

写真 7.1　出会い頭衝突事故の車両の挙動

図7.3は，速度50km/h同士の50%オフセット正面衝突における車両移動と重心位置の移動を示している。100ms以降で，進行方向とは異なる方向に重心が移動していることが分かる。このような正面衝突においても，約100ms～300msの重心点の移動から飛び出し角度をとることが重要である。

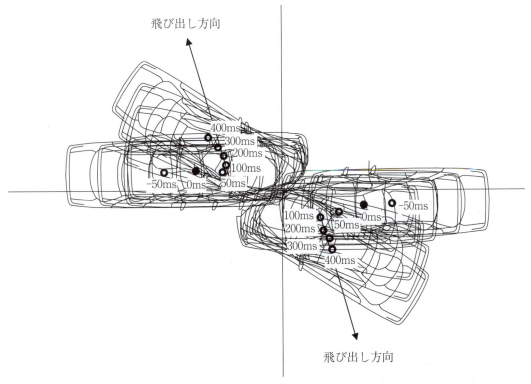

図7.3　オフセット正面衝突における飛び出し角度の取り方

7.3　車両の重心

　車両の重心位置は，自動車の諸元表（自動車のカタログ又は自動車ガイドブックなど）から，前軸重や後軸重及びホイールベースを調べることによって求めることができる。図7.4に示すように，モーメントの釣合いから前軸あるいは後軸からの重心位置が計算で求められる。

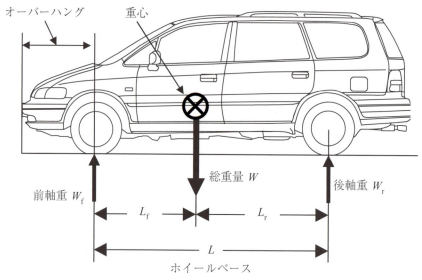

図 7.4　車両の重心位置の求め方

前軸から重心までの距離 L_f，後軸から重心までの距離 L_r は，モーメントの釣り合いから，次式で与えられる。

$$L_f = \frac{LW_r}{W}, \quad L_r = \frac{LW_f}{W} \tag{7.1}$$

タイヤ痕やガウジ痕から，衝突前後の車両挙動図を正確に描き，この重心位置の移動を正確に記入することによって，飛び出し角度を精度よく求めることができる。

7.4　乗員の移動方向

衝突速度が求められることによって，乗員の挙動を推定することができる。求める方法は，以下のようである。

① 衝突部位の突き合わせから衝突角度を求める。この角度が入力角となる。
② 衝突速度と車両質量の積から運動量を求める。
③ 車両への合入力方向の反対方向が衝突時の乗員の移動方向となる。
④ 衝突角度と運動量，乗員の移動方向を図にベクトルとして表示する。

乗員の被害部位と車両の加害部位から求めた乗員の移動方向と衝突速度から求めた移動方向を比較することによって，鑑定された衝突速度の信頼性の確認ができる。また，運転者が不明の場合は，運転者を特定することもできる。さらに，交通事故かあるいは他の重大な事件の可能性がある場合，被害部位と被加害部位の関係から，事件を明確にすることもできる。

図7.5は，出会い頭衝突時の乗員の移動方向を図化したものである。

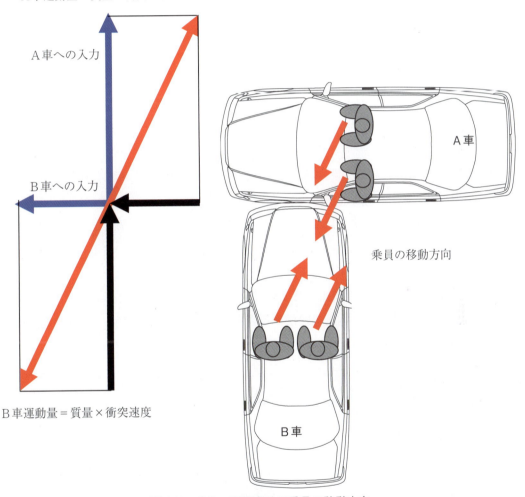

A車衝突速度33km/h（9.17m/s）
B車衝突速度66km/h（18.3m/s）
A車質量1,374kg
B車質量1,372kg
A車の運動量＝9.17×1374＝12600
B車の運動量＝18.3×1372＝25108

図7.5　出会い頭衝突時の乗員の移動方向

　自動車の衝突現象を知ることによって，飛び出し角度が正しく求められ，交通事故の衝突速度を精度よく鑑定できることになる。歩行者，自転車，二輪車事故においても同様に，衝突現象を十分知って，衝突速度を解析する必要がある。

8 自動車のバリア換算速度，有効衝突速度及び衝突直前速度

　自動車事故は，自動車同士，自動車と二輪車，歩行者，自転車及び電柱などの固定物などとの衝突によって起こるものである。衝突とは，自動車が他の車両や歩行者，あるいは標識柱などの固定物と接触している期間であり，この接触期間中に接触している2つの物体の間で運動量の交換が行われる。衝突の接触時間は，約0.1秒であり，短い時間で衝突現象は終了する。

　衝突後，衝突した車両はそれぞれ，自分が持っている運動エネルギーをすべて失うまで，滑りを伴って移動し，ついには停止する。

　衝突速度を求めるためには，エネルギー保存則及び運動量保存則を用いるのが，一般的な方法である。本章では，衝突直前速度と有効衝突速度（実効衝突速度あるいはバリア換算速度ともいう。）について述べる。

8.1　弾性衝突と塑性衝突

　自動車の衝突は，弾性衝突ではなく，ほぼ塑性衝突である。弾性衝突とは，ゴムボールを垂直な壁にぶつけると跳ね返るような衝突である。塑性衝突とは，粘土を垂直な壁にぶつけると，ほとんど跳ね返らずに真下に落ちるような衝突である。

　衝突が弾性か塑性かを表す指標として反発係数 e がある。図8.1に示すように，物体AとBが両者の重心を結んだ直線上で接触する衝突において，反発係数 e は衝突直後の速度差と衝突直前の速度差の比として，次式のように定義される。

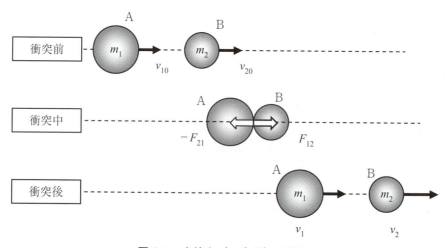

図8.1　直線上（1次元）の衝突

$$e = \frac{v_1 - v_2}{v_{10} - v_{20}} \tag{8.1}$$

ここで,

　v_1, v_2 ＝衝突直後の物体A，Bの速度

　v_{10}, v_{20} ＝衝突直前の物体A，Bの速度

である。

　弾性衝突は $e=1$，塑性衝突は $e=0$ である。

　自動車の衝突は，図8.2に示すように，衝突速度や衝突形態によって反発係数が異なる。衝突速度が小さいと弾性衝突となり，衝突速度が大きくなると塑性衝突となる。

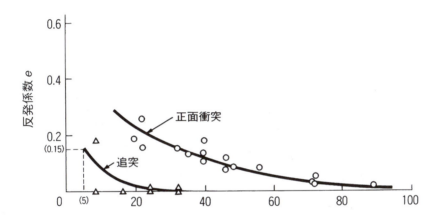

図 8.2　自動車衝突における反発係数（江守一郎[1]）

　ここで，有効衝突速度とは，2つの衝突物体の相対速度が0になるまでの速度変化と定義されているもので，以下に詳しく説明する。

8.2　有効衝突速度

　有効衝突速度とは，衝突中に両車が運動量の交換によって同一速度になるまでの速度変化であり，衝突の程度を示す尺度としてとらえられる。具体的には，衝突速度と両車が同一速度になった時の速度との差として表される。図8.3は，2台の車両が正面衝突したときの衝突速度，有効衝突速度，速度変化について図示したものである。

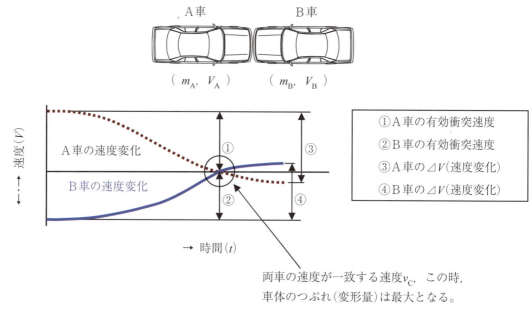

図8.3 衝突時の速度変化と有効衝突速度（実効衝突速度あるいはバリア換算速度）

図8.3に示したように，衝突した両車の速度が同一になる瞬間がある。その速度を v_C とすると，次式で表される。

$$v_C = \frac{m_A v_A + m_B v_B}{m_A + m_B} \tag{8.2}$$

ただし，

m_A：A車の質量

m_B：B車の質量

v_A：A車の衝突直前速度

v_B：B車の衝突直前速度

したがって，A車及びB車の有効衝突速度は，次式で表される。

$$\text{A車の有効衝突速度：} v_{eA} = v_A - v_C = \frac{m_B}{m_A + m_B}(v_A - v_B) \tag{8.3}$$

$$\text{B車の有効衝突速度：} v_{eB} = v_C - v_B = \frac{m_A}{m_A + m_B}(v_A - v_B) \tag{8.4}$$

(1) 剛体壁と衝突した場合

式(8.2)において，剛体壁の場合は，$v_B = 0$，$m_B = \infty$ である。

よって，式(8.3)は，

$v_A = v_{eA}$，$v_C = 0$

となる。つまり，剛体壁の場合は，衝突直前速度が有効衝突速度となる。

(2) 質量が同じで，速度が等しい車両が正面衝突した場合

$v_{eA} = -v_{eB} = v_A, \quad v_C = 0$

となる。

(1)に示したように，剛体壁への正面衝突の場合は，壁の速度が0であるから，衝突直前速度そのものが有効衝突速度になる。図8.4は，速度50km/hで剛体壁（バリア）へ正面衝突した場合と等価な衝突形態を示している。

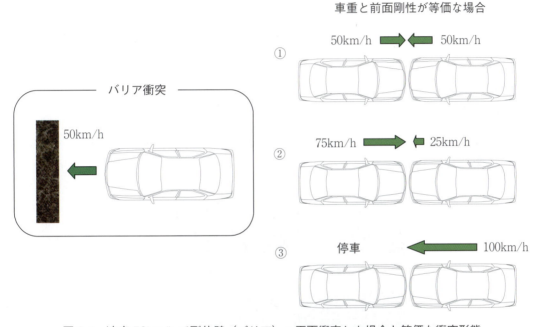

図 8.4　速度 50km/h で剛体壁（バリア）へ正面衝突した場合と等価な衝突形態

①の場合は，同一の前面剛性で同一質量の車両が50km/h同士（相対速度100km/h）で正面衝突したもので，バリアに50km/hの速度で正面衝突した場合と等価である。

②の場合は，同一の前面剛性で同一質量の車両が75km/hと25km/hの速度（相対速度100km/h）の車両が正面衝突したもので，バリアに50km/hの速度で正面衝突した場合と等価である。

③の場合は，同一の前面剛性で同一質量の車両が0km/h（停止車両）と100km/hの速度（相対速度100km/h）の車両が正面衝突したもので，バリアに50km/hの速度で正面衝突した場合と等価である。

有効衝突速度は，実効衝突速度（effective impact speed），あるいはバリア換算速度と呼ばれる。これらの速度は，車両同士の衝突直前の速度ではなく，剛体壁（バリア）に衝突した場合と等価の速度であることを意味している。

〈バリア換算速度〉

　バリア換算速度とは，衝突事故により生じた車体変形を，それと等価な車体変形を生じさせるコンクリート壁（バリア）との衝突に置き換えたときの速度である。事故での車体変形は相手車両の質量と衝突速度により異なるので，事故車両の変形程度をコンクリート壁に衝突させたものとして算出した速度をバリア換算速度としている。バリア換算速度を実効衝突速度という場合もある。自動車が変形に費やしたエネルギーを運動エネルギーに換算し，速度を算出するものであり，衝突の激しさを表す指標として用いる。バリア換算速度は衝突速度を推定する際に用いる。

　乗用車を速度70km/h で，コンクリート壁へ衝突させた場合の車体変形の一例を写真8.1に示す。バリア換算速度は，このようにコンクリート壁へ自動車を衝突させて，その変形及びエネルギー吸収特性を衝突実験に基づいて求めたものである。コンクリート壁へ衝突させた場合，車両により変形量は多少異なるが，約1cm の車体変形がバリア衝突速度1km/h に相当する。つまり，70km/h のバリア衝突速度では約70cm の車体変形が生じるという意味である。

写真 8.1　衝突速度 70km/h

　正面剛体壁衝突の場合は，壁の速度が０であるから，衝突直前の速度そのものが有効衝突速度になる。また，静止している同型の自動車と衝突した場合には，衝突速度の1/2が有効衝突速度になる。

8.3　エネルギー保存則と変形によるエネルギー吸収

ここで，衝突した車両の衝突直前の速度を求めるのに用いられるエネルギー保存則を考える。エネルギー保存則は，次式で与えられる。

$$\frac{1}{2}m_A v_A^2 + \frac{1}{2}m_B v_B^2 = E_A + E_B + \frac{1}{2}m_A v_{slipA}^2 + \frac{1}{2}m_B v_{slipB}^2 \tag{8.5}$$

ただし，

　　m_A, m_B　　　：A車及びB車の質量
　　v_A, v_B　　　：A車及びB車の衝突直前の速度
　　E_A, E_B　　　：A車及びB車の変形による吸収エネルギー
　　v_{slipA}, v_{slipB}　：A車及びB車の衝突後の飛び出し速度

である。

式 (8.5) は，衝突直前に持っていた衝突車両の運動エネルギーが，衝突後，停止するまでに失ったエネルギーと等しいということを示している。

このことを図示すると，図8.5のようになる。この図から，式 (8.5) は，衝突直前に持っていた運動エネルギーが，衝突後に失ったエネルギーとして，バリア換算速度の運動エネルギーと飛び出し速度の運動エネルギーの和であることが容易に理解できる。

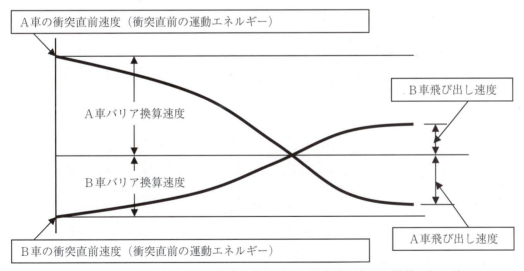

図8.5　衝突直前に持っていた運動エネルギーと衝突後に失った運動エネルギー

【参考文献】
1)　江守一郎「自動車事故工学（事故再現の手法）」技術書院（昭和49年3月）

8.4 エネルギー吸収分布図

(1) 車体前面のエネルギー吸収分布図

　事故で破損した自動車の変形をコンクリート壁への衝突実験だけで再現することは困難である。そこで，様々な速度で衝突実験を行い車体変形とエネルギー吸収の関係を求めたエネルギー吸収分布図により衝突の激しさをバリア換算速度として求めている。車種の違いによる車両前面のエネルギー吸収分布図[1]を，図8.6に示し，前面の車体変形の分割図を図8.7に示す。これらの図に示されるように，車幅方向に8等分，前後方向に前端から0.1m間隔に格子分割された表に，車幅（側面の場合は車長）1m当たりのエネルギー総和 E'（kgf·m）が表示されている。ここで，エネルギーの単位がkgf·mであることに注意が必要である。後述するが，ニュートンの単位に変換してバリア換算速度を算出する。

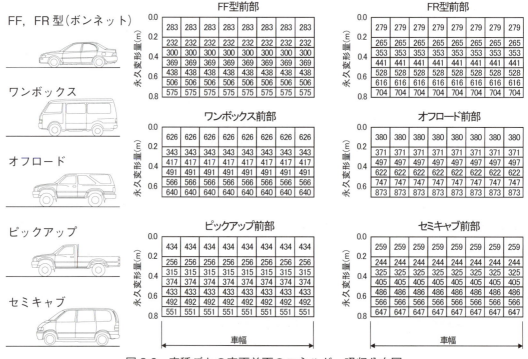

図8.6　車種ごとの車両前面のエネルギー吸収分布図

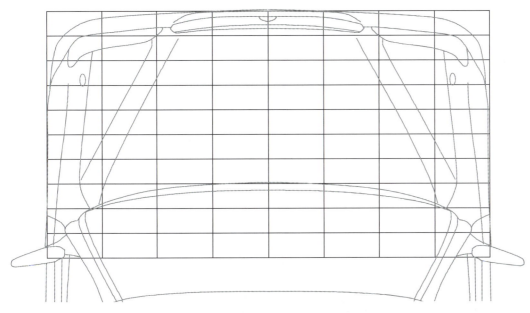

図 8.7　前面の車体変形の分割図

(2) **車体側面のエネルギー吸収分布図**

① 従来式車両側面エネルギー吸収分布図[2)]

　図8.8は，従来式の車両側面のエネルギー吸収分布図を示し，図8.9は，側面の車体変形の分割図を示す。

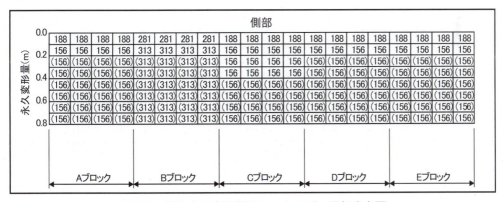

図 8.8　従来式の車両側面のエネルギー吸収分布図

　この分布図では，全長を5mと換算している。側部については，左右の違いはない。

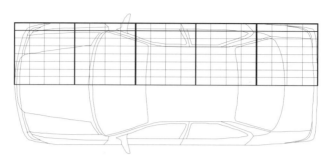

図8.9　側面の車体変形の分割図

② 新式車体側面のエネルギー吸収分布図[4),5)]

　これまで，前面及び後面のエネルギー吸収分布図[1),3)]が車体別に求められているが，車体側面のエネルギー吸収分布図[2)]は，25年以上前に作成されたもので，現状の車体エネルギー吸収特性とは異なっていることが考えられる。

　そこで，実車実験によって求めた軽自動車及び乗用車（セダン）の側面のそれぞれのエネルギー吸収分布図について述べ，従来式のエネルギー吸収分布図と新式エネルギー吸収分布図との差異について述べる。

　従来式は，全長を20分割し，0.1mごとの吸収エネルギーを算出している。なお，カッコ内は，吸収エネルギーの推定値である。単位系は，工学単位系（kgf・m）を使用し，車両全長を5mとした場合のエネルギー吸収量に換算している。

　従来式を参考にして，新式エネルギー吸収分布図を図8.10及び図8.11に示す。なお，単位系は，従来式と一致させた。

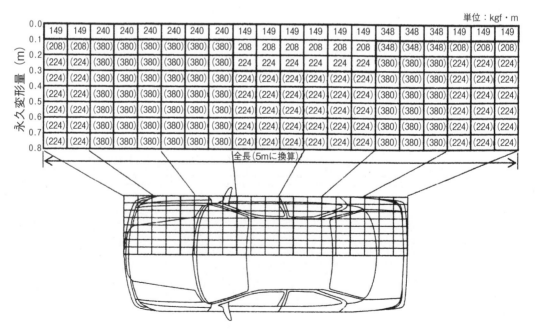

図8.10　新式乗用車（セダン）のエネルギー吸収分布図

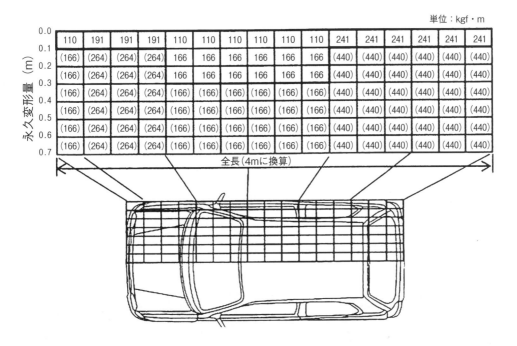

図8.11 新式軽自動車のエネルギー吸収分布図

　従来式と新式のエネルギー吸収分布図を比較すると，従来式では，他の部分に比べて前輪付近のエネルギー吸収量のみが特に大きかったが，新式では後輪付近のエネルギー吸収量も大きくなっている。

　従来式と新式の軽自動車のエネルギー吸収分布図は，ドア付近でほぼ同じ数値である。新式の乗用車ではエネルギー吸収量が増している。これは，側面衝突試験の導入により車両側面の剛性が増した結果と考えられる。

③　サイドシル接触時のエネルギー吸収特性

　サイドシルの接触の有無による吸収エネルギー変形特性を比較すると，サイドシルに接触させた場合には，接触しない場合に比べて，吸収エネルギーが24%～35%（平均で約30%）大きい。

　これらのことから，サイドシルが接触する場合は，サイドシルが接触しない場合の約1.3倍（30%増加）のエネルギー吸収があるものと推定される。このことから，サイドシルがバンパー高さでの変形と同程度変形している場合には，サイドシル部分のエネルギー吸収分布図の値を1.3倍して吸収エネルギーとし，速度を求めた方が計算精度が高い。

新式を使ったバリア換算速度の算出方法は従来式と同じである。新式の使用方法を図8.12を用いて説明する。
1) 車両側面を20分割（新式軽自動車は16分割）にして，各点のバンパー上端高さにおける変形量を計測する。
2) これをエネルギー吸収分布図に重ね合わせる。
3) 変形部分のメッシュに書かれた数値を合計する。メッシュの一部分が変形している場合には，変形している割合（%）を乗じた値を使用する。
4) 全長を補正するため，3)で求めた値に「全長/5m」（新式軽自動車では全長/4m）を乗じて吸収エネルギー（E）を算出する。
5) 運動エネルギーの式（$V_b = \sqrt{\dfrac{2E}{m}}$）から，バリア換算速度を算出する。

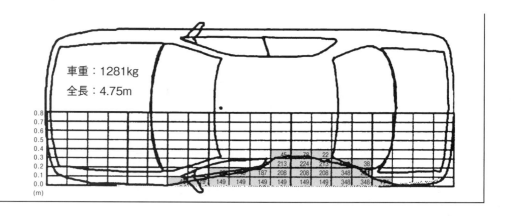

メッシュの合計：4624kgf/5m

サイドシルがバンパー高さでの変形と同じなので，1.3倍する。

$E = 4624 \times 1.3 \times 4.75/5 \times 9.8 = 55964$

$V_b = \sqrt{\dfrac{2 \times 55964}{1281}} = 9.35$ m/s (33.7km/h)

図8.12　新式バリア換算速度の算出例

乗用車同士の衝突事故や自動二輪車，原動機付自転車と乗用車の衝突においても，エネルギー保存則を適用して速度計算できるように，必ず車体変形を測定することが重要である。

(3) 車体後面のエネルギー吸収分布図

① 従来式車体後面エネルギー吸収分布図

　追突事故では，乗員の傷害としてむち打ち損傷が起こることが多い。追突速度によって，追突された被害者の傷害の程度は異なる。被害者の救済のためにも追突速度の究明は重要である。また，保険金の詐欺事件もむち打ち損傷に多くみられ，むち打ち追突事故詐欺事件の解明においても追突速度を究明することは重要である。

　追突事故の衝突速度は，追突車の前面及び被追突車の後面の変形量を測定し，エネルギー吸収分布図からバリア換算速度を求め，衝突速度を算出する方法が用いられる。

　図8.13は，従来式の車両後面のエネルギー吸収分布図を示し，図8.14は，後面の車体変形の分割図を示す。

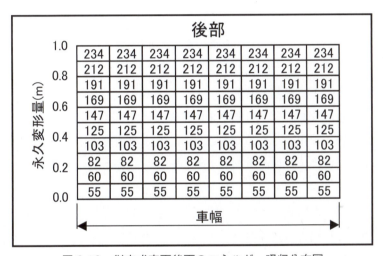

図8.13　従来式車両後面のエネルギー吸収分布図

図8.14 後面の車体変形の分割図

② 新式後面エネルギー吸収分布図

　エネルギー吸収分布図は，自動車を固定壁に衝突させた実験をもとに，その時の荷重と変位の関係から求めるものである。ただし，後面のエネルギー吸収分布図については，25年以上前の1車種の車両のエネルギー吸収分布図のみで，現状の車体エネルギー吸収特性とは異なっていることが考えられる。

　そこで，5種類の新式の乗用車の後面のエネルギー吸収分布図について示し，追突時の衝突速度の算出方法及び従来式エネルギー吸収分布図との差異について述べる。

　日本自動車研究所で新たに5車種の車両の後面のエネルギー吸収分布図が作成された[3]。作成されたエネルギー吸収分布図は，表8.1及び図8.15に示す乗用車の代表的な5車種である。

表8.1　エネルギー吸収分布図作成に用いられた車両の諸元

タイプ	全長(mm)	全幅(mm)	全高(mm)	質量(kg)	年式
a) スモール	3289	1395	1440	612	'94
b) ハッチバック	3719	1585	1420	771	'97
c) セダン	4425	1690	1400	1124	'96
d) セミキャブ	4285	1690	1830	1407	'94
e) オフロード	4488	1690	1740	1809	'92

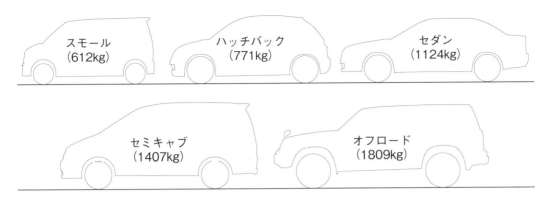

図 8.15　後面エネルギー吸収の種類

　図8.16に車体後部の荷重－変形特性を示す。車体後部の特性をみると，大きく3つのパターンに分かれる。(1)スモール，ハッチバック及びセダンタイプの，変形が少ない段階でピーク荷重が発生し，その後ほぼ一定の荷重で変形が進行するパターン，(2)セミキャブにみられるように，変形に伴い荷重も増加するパターン，(3)オフロードのように，変位量の後半にピーク荷重を迎え，その後減少していくパターンである。また，セミキャブとオフロードでは，上側のバリア面にも荷重が発生している。

　これらのことから，車種によって，車体後部の特性が異なっていることが分かる。したがって，変形量からバリア換算速度を求めるためのエネルギー吸収分布図は，車体構造を考慮して選択することが重要である。

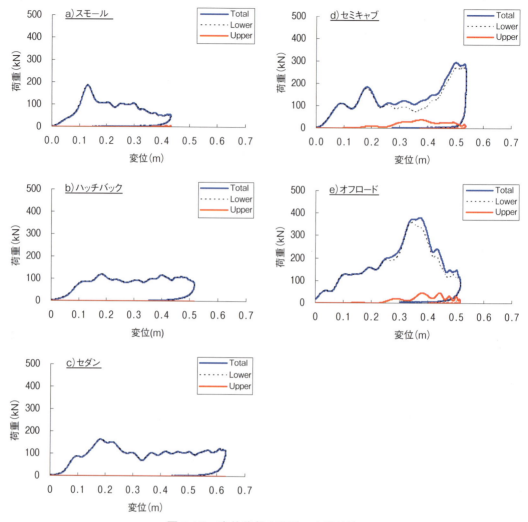

図 8.16 車体後部の荷重－変形特性

　石川らは，小型乗用車のバリア衝突実験を行い，そこで得られた荷重－変形特性からエネルギー吸収量を求め，車体後部のエネルギー吸収分布図を作成した。

　表8.2～表8.6に各車種のエネルギー吸収分布図を示す。各格子は，従来式のものと同様に工学単位系を使用し，車幅方向に8等分，前後方向には後端から0.1m間隔に格子分割された表に車幅1mあたりのエネルギーを表示した。

　なお，新式エネルギー吸収分布図は，バリア面の下段の荷重から求めたものである。その理由は，スモール，ハッチバック及びセダンでは，バリア上段の荷重がほとんど発生していないこと，主に追突事故に適用されること，実際の路上事故では乗用車×乗用車の衝突が多いことによる。ただし，セミキャブ及びオフロードでは，バリア上段にも顕著な荷重が発生しており，トラックなどの高さのある車両が衝突した際には必要となると考え，表中に併記した（（　）内の数値）。

8 自動車のバリア換算速度，有効衝突速度及び衝突直前速度   97

表8.2 スモールのエネルギー吸収分布図

変形(m)								
0.4–0.5	63	63	63	63	63	63	63	63
0.3–0.4	63	63	63	63	63	63	63	63
0.2–0.3	95	95	95	95	95	95	95	95
0.1–0.2	135	135	135	135	135	135	135	135
0.0–0.1	78	78	78	78	78	78	78	78

←――――車幅――――→

表8.3 ハッチバックのエネルギー吸収分布図

変形(m)								
0.3–0.4	111	111	111	111	111	111	111	111
0.2–0.3	106	106	106	106	106	106	106	106
0.1–0.2	106	106	106	106	106	106	106	106
0.0–0.1	48	48	48	48	48	48	48	48

←――――車幅――――→

表8.4 セダンのエネルギー吸収分布図

変形(m)								
0.5–0.6	100	100	100	100	100	100	100	100
0.4–0.5	93	93	93	93	93	93	93	93
0.3–0.4	91	91	91	91	91	91	91	91
0.2–0.3	86	86	86	86	86	86	86	86
0.1–0.2	120	120	120	120	120	120	120	120
0.0–0.1	37	37	37	37	37	37	37	37

←――――車幅――――→

表8.5 セミキャブのエネルギー吸収分布図

変形(m)								
0.4–0.5	(223) 243	(223) 243	(223) 243	(223) 243	(223) 243	(223) 243	(223) 243	(223) 243
0.3–0.4	(174) 131	(174) 131	(174) 131	(174) 131	(174) 131	(174) 131	(174) 131	(174) 131
0.2–0.3	(105) 83	(105) 83	(105) 83	(105) 83	(105) 83	(105) 83	(105) 83	(105) 83
0.1–0.2	114	114	114	114	114	114	114	114
0.0–0.1	59	59	59	59	59	59	59	59

←――――車幅――――→

表8.6　オフロードのエネルギー吸収分布図

0.5								
	(122) 102	(122) 102	(122) 102	(122) 102	(122) 102	(122) 102	(122) 102	(122) 102
0.4								
	(262) 233	(262) 233	(262) 233	(262) 233	(262) 233	(262) 233	(262) 233	(262) 233
0.3								
	(201) 189	(201) 189	(201) 189	(201) 189	(201) 189	(201) 189	(201) 189	(201) 189
0.2								
0.1	115	115	115	115	115	115	115	115
	62	62	62	62	62	62	62	62
0.0								

縦軸：変形（m）　横軸：車幅

③　バリア換算速度の算出式

　　車体の変形によるエネルギー吸収量 E 及びバリア換算速度（V_B）は，エネルギー吸収分布図を用いて，式（8.6）及び式（8.7）によって算出される。

$$E = KLg \tag{8.6}$$

　　　E：エネルギー吸収量（kgf·m）

　　　K：凹損によるエネルギー吸収分布図の総数

　　　L：車幅（m）

　　　g：重力加速度（9.8m/s²）

$$V_B = \sqrt{\frac{2E}{m}} \, (\text{m/s}) \tag{8.7}$$

　　　m：車両質量（kg）

④　従来式のエネルギー吸収分布図と新式の車種別エネルギー吸収分布図の差異[3]

　　新式の車種別エネルギー吸収分布図により計算されるバリア換算速度と従来式エネルギー吸収分布図によるバリア換算速度に，どの程度差異があるかについて検証した。

　　図8.17にその結果を示す。従来式エネルギー吸収分布図は，トランクルームが独立したセダンタイプの車両であった。したがって，車両の形状は，新式エネルギー吸収分布図におけるセダンタイプと同じである。両者のバリア換算速度の差異は，0.2m変形した時点では2.5km/hとなるが，0.5mの変形では等しい。また，スモール，ハッチバック及びセダンの3車種をみると，ほぼ同等である。これによって，従来式を用いて速度を算出した場合でも，誤差は小さいと判断される。

　　従来式と新式において最も異なるのは，オフロードである。オフロードは，変形の全領域が従来式で算出したバリア換算速度よりも高い値となり，0.4mでは約10km/hの差異が生じる。オフロードの車体はフレーム構造であり，その他の車種ではモノコック構造であるから，従来式のセダンタイプを用いた場合には，誤差が大きくなる。

　　いずれにしても，新式車種別エネルギー吸収分布図を用いて精度の高いバリア換算

速度を算出することが重要である。

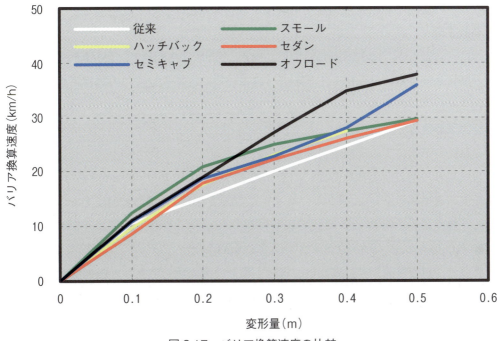

図 8.17 バリア換算速度の比較

　バリア換算速度は，衝突時の速度を求めるために欠かせないものである。これらのエネルギー吸収分布図を用いて衝突速度を求めるためには，正確に車体変形量を測定することが重要である。車体変形量は，バンパー高さで測定するものであるが，ステレオカメラなどで測る場合も含めて，バンパーの奥の最深部の変形量を確認し，車体変形量をエネルギー吸収分布図に記載する必要がある。それは，衝突し変形終了後に，バンパーの変形が少し元に戻ることがあるためである。

【参考文献】
1) 久保田正美, 國分善晴「前面形状別の車体エネルギー吸収特性」自動車研究, Vol.17, No.1（1995）
2) 石川博敏, 松川不二夫「車体変形によるエネルギー吸収と固定壁換算速度」自動車技術会前刷集・p.792（1979）
3) 久保田正美, 山崎俊一, 山田喜久司「後面形状別の車体エネルギー吸収特性」自動車研究, Vol.8, No.3・pp.20-25（2006）
4) 鮫川佳弘, 久保田正美, 山崎俊一, 山田喜久司「乗用車側面のエネルギー吸収特性」自動車研究, Vol.29, No.9・pp.471-476（2007）
5) 鮫川佳弘, 久保田正美, 山崎俊一, 山田喜久司「乗用車側面のエネルギー吸収特性（第2報）—ミニバン側面のエネルギー吸収特性—」自動車研究, Vol.30, No.9・pp.33-38（2008）

8.5 トラックの旋回時の転覆限界速度

トラックの旋回時の転覆限界速度を事例から解析方法について説明する。

1 事故概要

本件は，被疑者が，南方面から北方面に向かう急カーブにおいて，被疑車両がカーブを曲がる際に対向車線にはみ出して横転し，自車で対向車線を走行中の被害車両を押しつぶし死亡させた事故である。

(1) 旋回限界速度

① 道路の形状による旋回限界速度

事故現場の南方面から北方面に向かう道路の曲率半径 R は，69.8mであった。タイヤと路面間の摩擦係数を μ（大型トラックタイヤの乾燥時0.65），重力加速度を g（9.8m/s^2）とすると，旋回限界速度 V_C は，次式で表される。

$$V_C = \sqrt{\mu g R} = \sqrt{0.65 \times 9.8 \times 69.8} = 21.1\text{m/s}(75.9\text{km/h}) \tag{8.8}$$

ここで，急なカーブの道路には，通常，横断勾配が施してあり，限界旋回速度を上げるようになっている。図8.18に示すように，本道路では，カーブの始め付近で，5.7/100となっている。

カーブの横断勾配の角度 θ は次式となる。

$$\theta = \tan^{-1}(5.7/100) = 3.26° \tag{8.9}$$

この道路の旋回限界速度 V_{MAX} は，次式となる。

$$V_{MAX} = \sqrt{\frac{\mu + \tan\theta}{1 - \mu\tan\theta} gR} = \sqrt{\frac{0.65 + 0.057}{1 - 0.65 \times 0.057} \times 9.8 \times 69.8} = 22.41\text{m/s}(80.7\text{km/h})$$

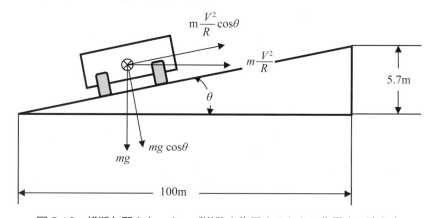

図8.18 横断勾配をもつカーブ道路を旋回するときに作用する遠心力

事故現場の道路は，最大で5.7％の横断勾配であるが，その後は3.7％程度であった。式（8.8）及び式（8.9）から，横断勾配によって，若干限界速度が高くなるが，この程度の横断勾配では限界速度に大きな差異はない。

ここで示した旋回限界速度80.7km/hは，カーブを飛び出さない速度であり，横転する速度ではない。

② 積載状態による限界旋回速度

被疑車両のタコチャート紙の解析によれば，事故現場手前では約70km/hまで加速し，その後，60km/hから減速中に横転したと推定され，50km/h付近で衝撃による異常振動が記録されている。したがって，被疑車両は積載状態であり重心の高さが高かったことによって，50km/h付近で旋回限界速度に達し，横転したものと推定された。

図8.19に，被疑車両の積載状態を示す。転覆限界を求めるためには，トレーラ部の全体の重心高を求める必要がある。この重心高が高い方が横転しやすくなる。ここでは，簡便的に被疑車両の重心高を求め，転覆限界速度を求める。

積載量が20tクラスの標準的なトレーラの諸元で計算する。
・トレーラの空車時の重量 W_T：6270kg
・トレーラ空車時の重心高 H_2：約1.228m
・トレーラの積載物の重量 W_G：20965kg
・トレーラ積載物の重心高 H_1：$1.4 + 0.978 = 2.38$m

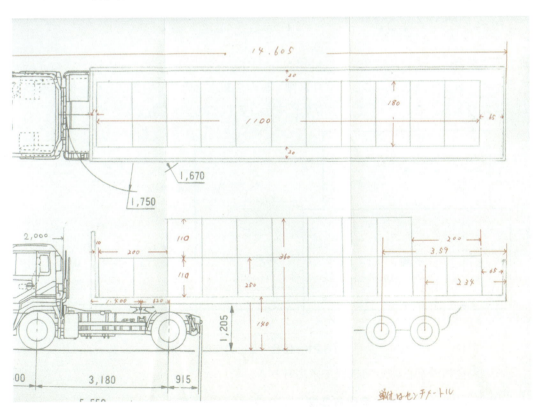

図8.19 被疑車両の積載状態

図8.20は，重心高の記号を示す。

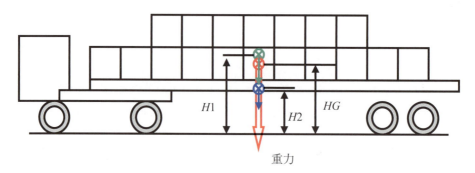

図 8.20　重心高の記号

図8.20を参照して，荷の重さから重心高の計算を行う。

重心高は，簡便に考える。1つの荷物の重さを1.165tとする。

よって，荷物の重心高H1は，次式となる。

　　　　　　下の荷物　　　　　上の荷物

$$H1 = \frac{1.165 \times 11 \times 1.1/2 + 1.165 \times 7 \times (1.1 + 1.1/2)}{20965} + 1.4 = 2.38\mathrm{m}$$

次に，トレーラ全体の重心高HGは，次式となる。

$$HG = \frac{20965 \times 2.38 + 6270 \times 1.228}{27235} = 2.115\mathrm{m}$$

重心の求め方

　重心は，質点が多数あるとき，それに働く重力を順次合成していき，その位置を求めるが，複雑である。そこで，図8.21に示す，任意の重心高の座標を考える。

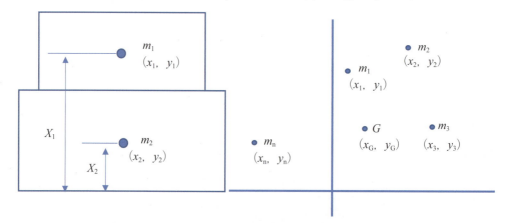

図 8.21　任意の重心の座標

よって，全体の重心高x_Gは次式で求められる。

$$x_G = \frac{m_1 x_1 + m_2 x_2 + m_3 x_3 + \bullet\bullet\bullet\bullet\bullet + m_n x_n}{m_1 + m_2 + m_3 + \bullet\bullet\bullet + m_n}$$

図8.22にカーブを曲がるときのトレーラ全体の重心点に作用する遠心力を示す。

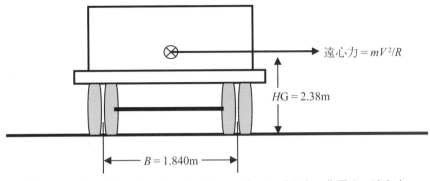

図 8.22　カーブを曲がるときのトレーラ全体の重心点に作用する遠心力

図8.23は，トレーラが転覆する角度 θ を表す。

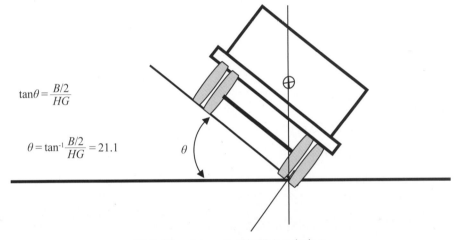

図 8.23　トレーラが転覆する角度 θ

この図で，転覆する角度 θ は，次式となる。

$$\theta = \tan^{-1}\frac{B/2}{HG} = 21.1$$

よって，この角度がついたときの横向きの力は，次式となる。

$$mg\sin\theta \tag{8.10}$$

カーブを速度 V_T で走行するときの横向きの力は，次式である。

$$\frac{mV_T^2}{R} \tag{8.11}$$

式（8.10）及び式（8.11）が等しいときが旋回限界速度 V_{TX} である。

$$V_{TX} = \sqrt{Rg\sin\theta} = \sqrt{69.8 + 9.8 \times \sin 21.1} = 15.7 \text{m/s} (56.5\text{km/h}) \tag{8.12}$$

以上から，この積載条件であれば，このカーブを速度約56.5km/h以上で走行すれば，横転する可能性が高い。この計算式に，タイヤのたわみや板ばねの変形を考慮すると，さ

らに低い速度で横転することが容易に推察でき，被疑車両のタコチャートに示された異常振動を生じた速度50km/h 程度が横転速度と認められる。

(2) その他参考事項

このカーブを安全に走行するための速度 V_P について考察する。通常のカーブでは，大型車では，最大0.1g 程度以下の横向き加速度で曲がるものである。

つまり，$F = mg \sin\theta = m\alpha$ から，$\sin\theta = 0.1$である。よって，$\theta = 5.74$度である。ただし，横向き加速度は $\alpha = 0.1g$ である。

力のつり合いから，次式を得る。

$$mg \sin\theta = \frac{mV^2_P}{R} \qquad\qquad V^2_P = Rg \sin\theta$$

よって，

$$V_P = \sqrt{Rg \sin\theta} = \sqrt{69.8 + 9.8 \times \sin5.74} = 8.27\text{m/s}\,(29.8\text{km/h})$$

よって，一般的な職業運転手であれば，このカーブを走行する速度 V_P は，29.8km/h 程度であると推定される。

例　　0.2G　$VP = 11.7$m/s$(42.1$km/h$)$

　　　0.3G　$VP = 14.3$m/s$(51.5$km/h$)$

● 8.6 ポール衝突事故の変形の見分と衝突速度解析

高速で走行した車両が，カーブを曲がりきれずに電柱や標識柱などに衝突する事故（ポール衝突事故）が起こることがある。ポール衝突事故では，車両の前面，側面及び後面が衝突し，その事故形態も多種である。

本稿では，電柱などのポール衝突における車両の凹損の見分のポイントと凹損から導かれる衝突速度について述べる。

(1) ポール衝突事故の変形の見分

図8.24は，限界旋回速度を超えた場合のポール衝突を示す。

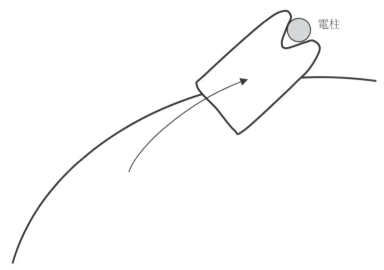

図 8.24　限界旋回速度を超えた場合のポール衝突

(2) ポール衝突の車両凹損の変形の見分

　ポール衝突の車両の前面の凹損は，写真8.2に示すように，前面に深い押し込みが生じる。

写真 8.2　ポール衝突した車両の前面の凹損

　ポール衝突によって生じた車両の凹損は，図8.25に示すように，衝突によって，衝突部位が狭められる。したがって，車両の凹損部分から，ポール衝突におけるバリア換算速度を求めることによって，衝突速度を求めることができる。ポール衝突におけるバリア換算速度を求めるには，図8.25に示したように，ポール衝突によって狭められた部分を衝突前の全幅の状態に戻し，その凹損量をそれぞれの車両ごとのエネルギー吸収分布図に当てはめてバリア換算速度を求める。

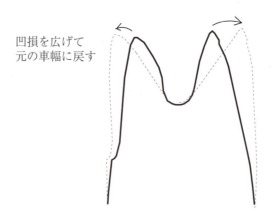

図 8.25　ポール衝突における変形と全幅状態に広げた状況

　図8.26は，側面がポール衝突した状況を示す。側面ポール衝突変形も同様に，衝突前の全長に広げ，側面のエネルギー吸収分布図に当てはめてバリア換算速度を求める。

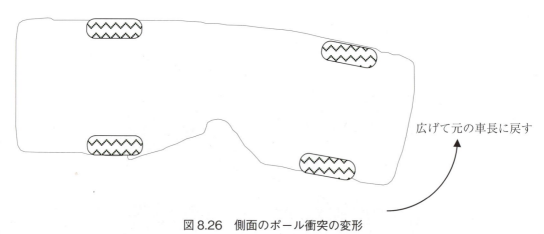

図 8.26　側面のポール衝突の変形

(3)　ポール衝突のバリア換算速度[1)]

　図8.27は，速度50km/hで車両の前面をポール衝突させた状況を示す。表8.7は，試験車両の諸元を示す。

8　自動車のバリア換算速度，有効衝突速度及び衝突直前速度　　107

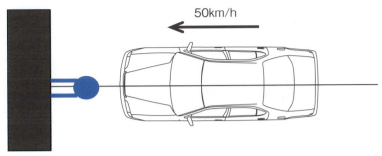

図 8.27　車両前面のポール衝突実験の状況

表 8.7　実験車両の諸元

項目	詳細
車名	ローレル
型式	E-HC34
質量 [kg]	1287
全長 [m]	4.710
車幅 [m]	1.720
ホイールベース [m]	2.720

写真8.3は，ポール衝突の状況を示す。

写真 8.3　ポール衝突における車体の変形状況

次に，車体の変形量をバリア換算表に適用し，バリア換算速度を求める。図8.28は，ポール衝突によって変形した変形量をエネルギー吸収分布図に適用した状況を示す。

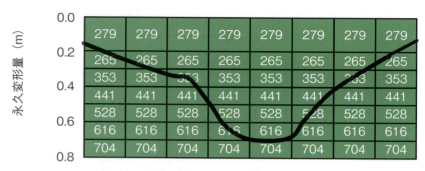

図 8.28　バリア換算表

　図8.28による車両の凹損部の総和は，7416である。したがって，車幅1m当たりのエネルギーは，次式となる。

　車幅1m当たりのエネルギーの総和＝7416×9.8（J/m）＝72677（J/m）

　車体の吸収エネルギーEは，車幅を掛けることによって次式のように求められる。

　$E = 72677 \times 1.720 = 125004$（J）

　バリア換算速度$V_{barrier}$は，次式で与えられる。

$$V_{barrier} = \sqrt{\frac{2E}{m}}$$

　よって，バリア換算速度は，

$$V_{barrier} = \sqrt{\frac{2E}{m}}$$
$$= \sqrt{\frac{2 \times 125004}{1287}}$$
$$= 13.9 \text{m/s}（50.2\text{km/h}）$$

と求められる。

　本章では，電柱などのポール衝突における車体変形の見分方法及びバリア換算速度の求め方について述べた。ポール衝突における車体変形に対しては，ポールによって変形が狭められるので，変形を元の状況に広げて，エネルギー吸収分布図にあてはめ，凹損だけの総数を求めることが重要である。

　バリア換算速度が求められれば，エネルギー保存則を適用して事故車両の衝突速度及び走行速度が求められる。

【参考文献】
1）　山崎俊一「ポール衝突事故の変形の見分と衝突速度解析」月刊交通・pp.66－71（2006年7月号）

8.7　車体変形の測定方法（前面部の測定例）

車体変形の測定は，次の手順で行う。
① 図8.29に示すように，車体全長をカタログ値から求め，車体の変形前の形状を路面に描く。
② 変形前のバンパー先端線から，変形に沿って前面の車体変形量を測定する。
③ 測定した変形量をエネルギー吸収分布図に描く。

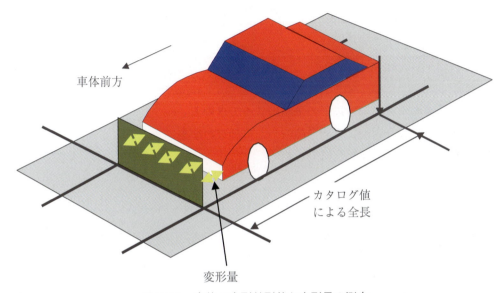

図 8.29　車体の変形前形状と変形量の測定

写真8.4は，前面部の測定ラインを示す。前面あるいは後面の車体変形量は，バンパーラインで測定する。バンパーが脱落している場合は，バンパーを取り付けて測定するかバンパーの厚みを考慮して測定する。

写真 8.4　前面部の測定ライン

写真8.5は，側面部の測定ラインを示している。側面部もバンパーラインと同じ高さで側部の凹損変形量を測定する。

写真 8.5　車体側面部の車体変形測定ライン

8.8　バリア換算速度の算出方法

バリア換算速度の算出は，以下の手順によって求める。

(1) エネルギー吸収分布図に事故で破損した自動車の変形図を重ねて描き，つぶれた範囲の数値の合計を求める。
(2) ① 車体前面の衝突

　　エネルギーの総和 $E(\mathrm{J}) = E' \times 車幅 L_\mathrm{W}(\mathrm{m}) \times 9.8(\mathrm{m/s^2})$ なる式により車体の変形に要したエネルギーの総和を求める。

　② 車体側面の衝突

　　エネルギーの総和 $E(\mathrm{J}) = E'/5 \times 車長 L(\mathrm{m}) \times 9.8(\mathrm{m/s^2})$ なる式により車体の変形に要したエネルギーの総和を求める。5で除しているのは，エネルギー吸収分布図が5分割されているからである。

　③ 車体後面の衝突

　　エネルギーの総和 $E(\mathrm{J}) = E' \times 車幅 L_\mathrm{W}(\mathrm{m}) \times 9.8(\mathrm{m/s^2})$ なる式により車体の変形に要したエネルギーの総和を求める。

(3) その結果，バリア換算速度 v_B は，

$$v_\mathrm{B} = \sqrt{\frac{2E}{m}}(\mathrm{m/s}) \tag{8.13}$$

によって求める。

　ここで m は車両の質量（kg）である。

　以下に前面が剛体バリアに衝突したときの衝突速度算出例を示す。

　　例　オフセット40%バリア衝突

　図8.30は，FF車の前面の変形状態及び前面の変形とエネルギー吸収分布図を示す。この変形した数値の総和 E' を求める。

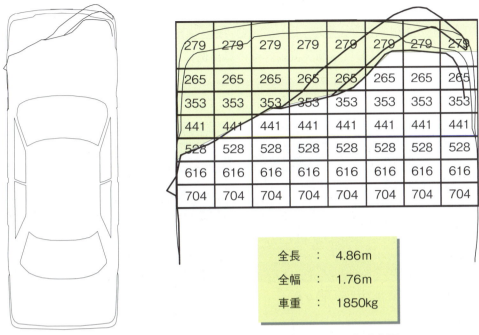

図8.30　FF車の車体変形とFF車のエネルギー吸収分布図

単位長さあたりのエネルギー（数値※の総和）E'=5644

※エネルギー吸収分布図で色のついた部分の合計数〔半分しか色のついていない箇所は1/2とする〕

$E = E' ×$ 重力加速度 $×$ 車長 $= 5644 × 9.8 × 1.76 = 97347.7$

よって衝突速度（バリア換算速度）v は次式で計算される。

$$v = \sqrt{\frac{2E}{m}} = \sqrt{\frac{2 × 97347.7}{1850}} = 10.26 \text{m/s} (36.9 \text{km/h}) \tag{8.14}$$

実際の衝突速度は，38.5km/h であったので，誤差は，4.2% である。

バリア換算速度は，自動車の走行速度と衝突速度を推定する際に用いる。したがって，エネルギー吸収量の正確さが速度鑑定の精度に影響を及ぼすことになる。そのため事故車両の変形量測定を厳密に実施しておくことが重要である。

8.9　鑑定事例

　四輪車同士の衝突における衝突直前速度の算出例について述べる。衝突角度が90°の出会い頭事故についての速度計算例について示す。

　写真8.6及び写真8.7は，衝突後の車両の状況を示している。

写真 8.6　衝突後の状況（西から）

写真 8.7　衝突後の状況（東から）

　写真8.8及び写真8.9は，衝突車両A（ワゴン）の側面及び前面の損傷状況を示す。

写真 8.8　衝突車両Aの側面の損傷

写真 8.9　衝突車両Aの前面の損傷

　写真8.10及び写真8.11は，衝突車両B（セダン）の側面及び前面の損傷状況を示す。

写真 8.10　衝突車両Bの側面の損傷

写真 8.11　衝突車両Bの前面の損傷

写真8.12及び写真8.13は，衝突車両A及び衝突車両Bの乗員の状況を示す。

写真 8.12　衝突車両Aの乗員の状況

写真 8.13　衝突車両Bの乗員の状況

図8.31は，衝突現場の見取図を示す。

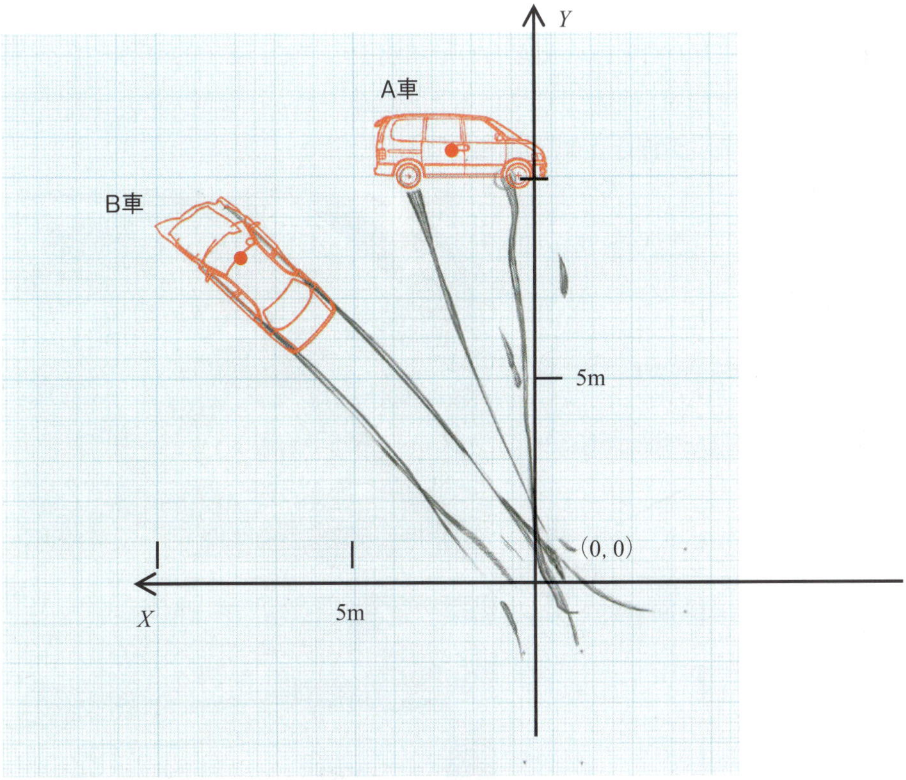

図 8.31　衝突現場見取図

各車両の最終停止位置を以下に示す。

A車（−2.2m，10.8m）

B車（−7.8m，7.9m）

衝突状況は，A車及びB車が出会い頭に衝突した形態である。衝突後，各車両は，タイヤ痕を印象させて停止した。A車は，横転している。車両の諸元を表8.8に示す。各車両

の運転席及び助手席には，質量75kgのダミーがそれぞれ乗車している。

表8.8　車両の諸元

車両		側面衝突車（A車）	前面衝突車（B車）
車両諸元	車種 型式 乗員保護装置 車両質量（kg） 車両寸法（mm） （長さ×幅×高さ） ホイールベース(mm) トレッド（mm）	日産　セレナ Q-KVC23 3点式ELRベルト 1465 4355×1695×1825 2735 1450	トヨタ　クレスタ E-GX90-CEPQK 3点式ELRベルト 1247 4750×1750×1390 2730 1495
タイヤ	種類 製造元 サイズ	ラジアル BRIDGESTONE B-RV（左前輪 B-style） 195/70R14 91H	ラジアル YOKOHAMA DNA dB decibel 195/65R15 91H

　写真8.14は，衝突車両の凹損部の突き合わせ状況を示している。B車のバンパーには，A車の左前輪のタイヤ側面が印象されている。したがって，B車がA車の側面に衝突したと認められる。その衝突角度は，90°である。

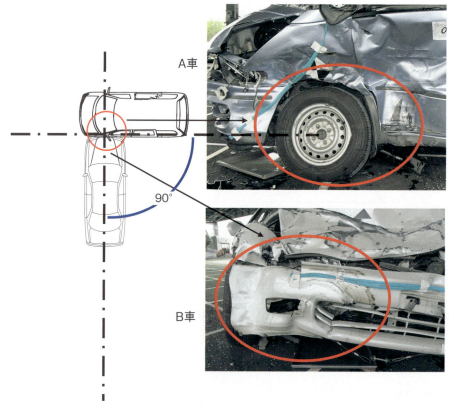

写真 8.14　衝突車両の凹損部の突き合わせ状況

図8.32に衝突地点と停止地点の車両状況を示す。両車両は，二次衝突している。

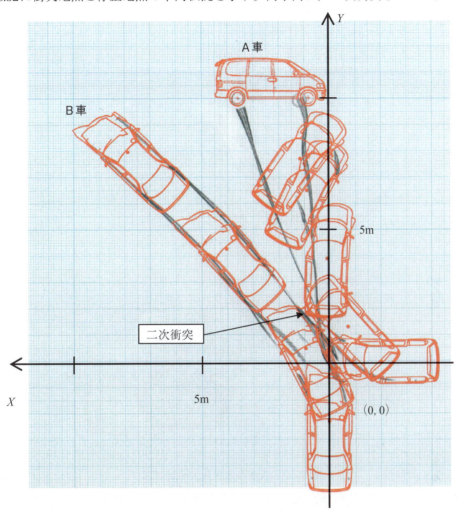

図 8.32　衝突地点と停止地点の車両状況

図8.33は，A車の衝突後の移動状況である。

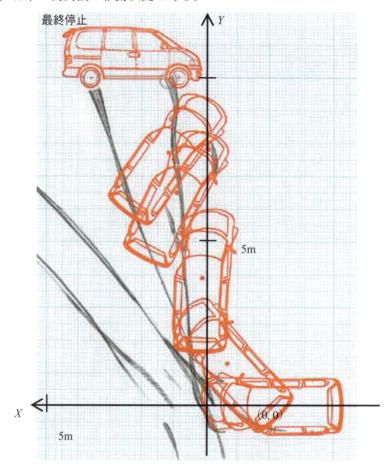

図8.33　A車の衝突後の移動状況

図8.34は，A車の衝突後の飛び出し角度の測定状況である。

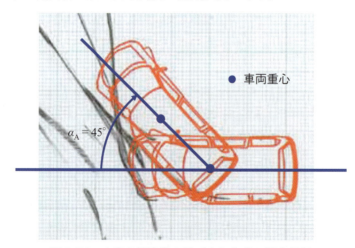

図8.34　A車の衝突後の飛び出し角度の測定状況

上図から，A車の飛び出し角度は $\alpha_A = 45°$ と推定される。

図8.35は，A車のタイヤ痕長の測定状況である。タイヤ痕長は，タイヤのトレッド幅を基準として，幅が2倍広い場合は長さを倍にし，狭い場合は幅の比率でタイヤ痕長を短くし，それぞれタイヤ痕の幅を考慮して長さを測定し，すべてを加えて，4本で除した長さをタイヤ痕長とする。

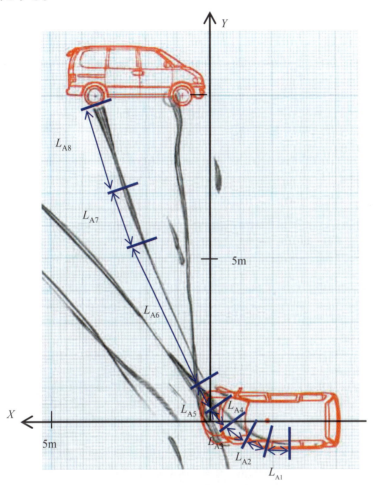

図8.35　A車のタイヤ痕長の測定状況

図8.36は，B車の衝突後の移動状況を示している。

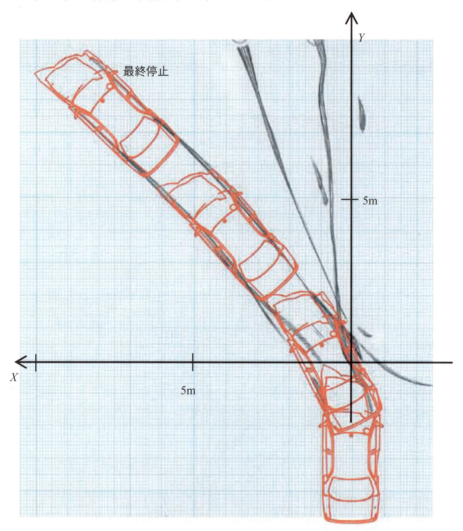

図 8.36　B車の衝突後の移動状況

図8.37は，B車の衝突後の飛び出し角度の測定状況である。

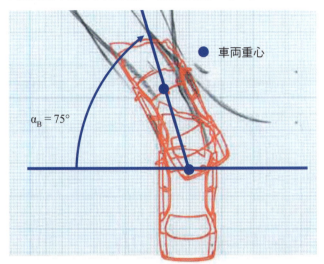

図 8.37　B車の衝突後の飛び出し角度の測定状況

B車の衝突直後の飛び出し角度は，$α_B = 75°$ と求められる。

図8.38は，B車のタイヤ痕長の測定状況である。

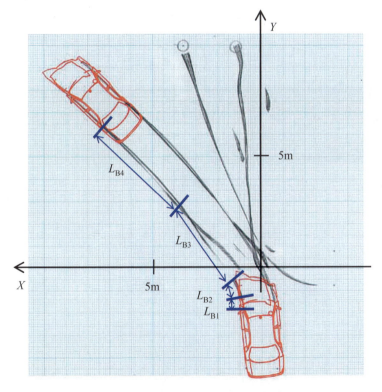

図 8.38　B車のタイヤ痕長の測定状況

図8.39は，A車の車体変形状況を示している。

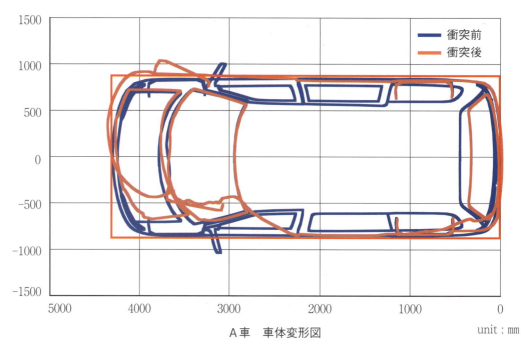

A車　車体変形図

図 8.39　A車の車体変形状況

図8.40は，A車の変形とA車側面バリア換算表を示している。

図 8.40　A車側面バリア換算表

バリア換算表に基づき，A車側面の車体変形で消費されたエネルギーを計算すると以下のようになる。

$$E_{\text{barrierA}} = 9604 \times 4.355/5 \times 9.8 = 81977.8 \, (\text{J}) \tag{8.15}$$

バリア換算速度で表すと次のようになる。

$$V_{\text{barrierA}} = \sqrt{\frac{2E_{\text{barrierA}}}{m_{\text{A}}}} = \sqrt{\frac{2 \times 81977.8}{1465}} = 10.6 \, (\text{m/s}) \tag{8.16}$$

図8.41は，B車の車体変形状況を示している。

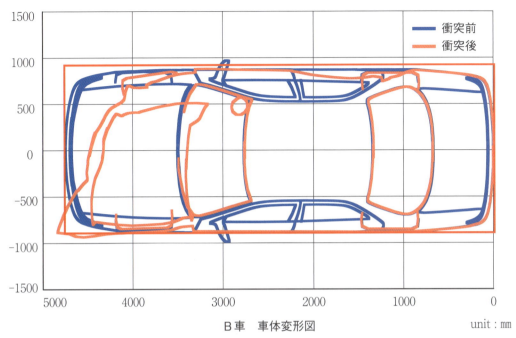

図8.41　B車の車体変形状況

図8.42及び図8.43はB車の前面及び側面のバリア換算表を示している。

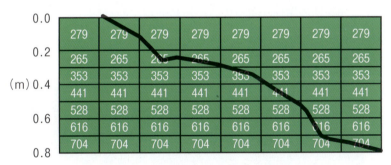

図8.42　B車の前面のバリア換算表

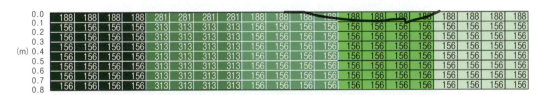

図8.43　B車の側面のバリア換算表

バリア換算表に基づき，車体変形で消費されたエネルギーを計算すると以下のようになる。

$$E_{\text{barrierB1}} = 7761 \times 1.75 \times 9.8 = 133101 \,(\text{J}) \tag{8.17}$$

$$E_{\text{barrierB2}} = 750 \times 4.75/5 \times 9.8 = 6982.5 \,(\text{J}) \tag{8.18}$$

バリア換算速度で表すと次のようになる。

$$V_{\text{barrierB}} = \sqrt{\frac{2(E_{\text{barrierB1}} + E_{\text{barrierB2}})}{m_{\text{B}}}}$$

$$= \sqrt{\frac{2 \times (133101 + 6982.5)}{1247}} = 15.0 \,(\text{m/s}) \tag{8.19}$$

A車は衝突後，タイヤ痕を印象させながら最終停止位置まで移動しているため，飛び出し速度は次式を用いて算出される（写真8.15）。

$$\frac{1}{2} m_{\text{A}} V_{\text{slipA}}^2 = \mu_{\text{A}} m_{\text{A}} g L_{\text{A}} \tag{8.20}$$

$$V_{\text{slipA}} = \sqrt{2\mu_{\text{A}} g L_{\text{A}}} \tag{8.21}$$

$$= \sqrt{2 \times 0.95 \times 9.8 \times 6.25}$$

$$= 10.8 \,(\text{m/s}) = 38.8 \,(\text{km/h})$$

ただし，

　m_{A}：車の質量（kg）

　L_{A}：スリップ距離（m）

　μ_{A}：タイヤと路面間の摩擦係数（テスト用路面のため数値が大きい）

　g：重力加速度

である。

写真8.15　A車のタイヤ痕状況

B車は衝突後，タイヤ痕を印象させながら最終停止位置まで移動しているため，飛び出し速度は次式を用いて算出される（写真8.16）。

$$\frac{1}{2}m_B V_{slipB}^2 = \mu_B m_B g L_B \tag{8.22}$$

$$\begin{aligned}V_{slipB} &= \sqrt{2\mu_B g L_B} \\ &= \sqrt{2 \times 0.95 \times 9.8 \times 10.5} \\ &= 14.0\,(\mathrm{m/s}) = 50.3\,(\mathrm{km/h})\end{aligned} \tag{8.23}$$

ただし，

　m_B：車の質量（kg）

　L_B：スリップ距離（m）

　μ_B：タイヤと路面間の摩擦係数（テスト用路面のため数値が大きい）

　g：重力加速度

である。

写真 8.16　B車のタイヤ痕状況

図8.44は，パラメータの説明図を示す。

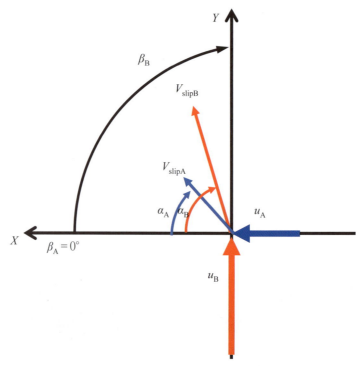

図 8.44　パラメータの説明図

表8.9に，速度計算に必要な数値を示す。

表 8.9　速度計算に必要な数値

	記号	A車	B車
車両質量（kg）	m_A, m_B	1465	1247
衝突角度（deg）	β_A, β_B	0	90
飛び出し角度（deg）	α_A, α_B	45	75
バリア換算速度（m/s）	$V_{barrierA}$, $V_{barrierB}$	10.6	15.0
飛び出し速度（m/s）	V_{slipA}, V_{slipB}	10.8	14

A車及びB車の衝突速度u_A, u_Bは，運動量保存則とエネルギー保存則を連立させて求める。

・運動量保存則

$$m_A u_A \cos\beta_A + m_B u_B \cos\beta_B = m_A V_{slipA} \cos\alpha_A + m_B V_{slipB} \cos\alpha_B \quad ①$$

$$m_A u_A \sin\beta_A + m_B u_B \sin\beta_B = m_A V_{slipA} \sin\alpha_A + m_B V_{slipB} \sin\alpha_B \quad ②$$

・エネルギー保存則

$$\frac{1}{2}m_A u_A^2 + \frac{1}{2}m_B u_B^2 = \frac{1}{2}m_A V_{barrierA}^2 + \frac{1}{2}m_B V_{barrierB}^2 + \frac{1}{2}m_A V_{slipA}^2 + \frac{1}{2}m_B V_{slipB}^2 \quad ③$$

これらの式をそれぞれ組み合わせて，u_A, u_Bを求めると，表8.10となる。

表8.10　速度の計算結果

	衝突速度（km/h）	
	A車	B車
①式と②式の連立	39	81
①式と③式の連立	39	85
②式と③式の連立	45	81

よって，

　A車（側面衝突車）39〜45km/h

　B車（前面衝突車）81〜85km/h

と求められる。

　試験は，A車衝突速度40km/h，B車80km/hであったから，計算結果は，ほぼ一致していると認められる。

　写真8.17は，衝突前の状況である。

写真 8.17　衝突前の両車の状況

9 二輪車事故の速度解析

9.1 自動二輪車の有効衝突速度

　自動二輪車事故は，様々な衝突角度で衝突するので，衝突時の速度を求めることが難しいことが多い。四輪自動車では，永久変形量を計測してエネルギー吸収量を求め，衝突時の速度を求める方法がある。

　自動二輪車では，ホイールベースの縮小量から有効衝突速度を求める方法を用いている。有効衝突速度とは，車両をコンクリート壁に衝突させたときの変形量を速度ごとに調べたものから，事故車の変形量をコンクリート壁に衝突させたときの速度として換算したものが，有効衝突速度あるいはバリア換算速度という。

　図9.1にホンダ CB550による有効衝突速度 V_e (km/h)とホイールベースの縮小量 D_m (cm)の関係をコンクリート壁に衝突させて求めた結果を示し，得られた関係を次式に示す。

$$V_e = \frac{D_m + 13.3}{0.8} \tag{9.1}$$

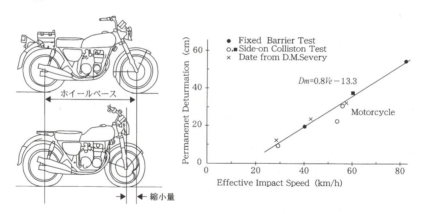

図9.1　二輪車のホイール縮小量と有効衝突速度の関係

　次に，自動二輪車が停止中の普通乗用車の側面に衝突した場合の有効衝突速度 V_e (km/h)とホイールベースの縮小量 D_m (cm)の関係を次式に示す。

$$V_e = \frac{D_m + 8}{0.67} \text{ (km/h)} \tag{9.2}$$

【参考文献】
　上山勝ほか「衝突実験による自動二輪車の破損挙動と衝突速度の推定」科学警察研究所報告法科学編，Vol.41, No.2（昭和63年）

9.2 スクータのバリア換算速度

スクータについては，原付，小型，中型スクータ別にそれぞれの実験車質量を考慮した基準質量換算衝突速度とホイールベース縮小量との関係が得られている。図9.2にその関係を示した。基準質量換算衝突速度が30km/hでは，排気量による差がみられないが，基準質量換算衝突速度が大きくなると排気量により差異が生じ，排気量が大きくなるにつれて，一定の基準質量換算速度でホイールベース縮小量も大きくなる。

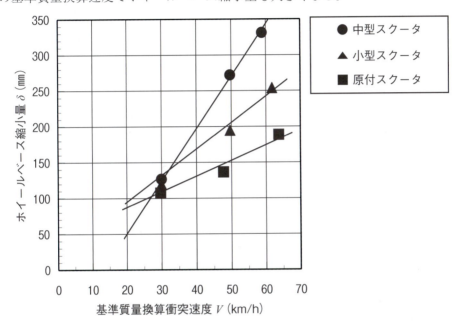

図9.2 基準質量換算衝突速度とホイールベース縮小量との関係

基準質量換算衝突速度とホイールベース縮小量とはほぼ比例関係にあり，一次関数で表すことができる。そこで事故捜査では，排気量別に以下の式にホイールベース縮小量 δ と実測した質量 m' (kg) を適用すれば有効衝突速度を求めることができる。

(1) 中型スクータの有効衝突速度 V_1 (km/h) は，

$$V_1 = (\delta_1 + 95.3)/7.3 \sqrt{m'_1/m_1} \quad (m_1 = 140\text{kg}) \tag{9.3}$$

(2) 小型スクータの有効衝突速度 V_2 (km/h) は，

$$V_2 = (\delta_2 - 16.2)/3.7 \sqrt{m'_2/m_2} \quad (m_2 = 80\text{kg}) \tag{9.4}$$

(3) 原付スクータの有効衝突速度 V_3 (km/h) は，

$$V_3 = (\delta_3 - 41.0)/2.2 \sqrt{m'_3/m_3} \quad (m_3 = 60\text{kg}) \tag{9.5}$$

となる。これらの式に括弧で示した質量は，それぞれの排気量の基準質量である。

この有効衝突速度は，スクータを固定壁へ衝突させたときの前軸と後軸間のホイールベースの後退量に基づいたものである。路上事故の交通捜査においては，質量と衝突前のホイールベース間隔を車両諸元等で調査し，実測したホイールベース縮小量と質量を排気量別にそれぞれの式へ代入することで有効衝突速度を求めることができる。そして有効衝突速度から衝突速度を求めるには，衝突地点からのスクータの跳ね返りや滑走による移動量を考慮して衝突速度を解析すればよい。

【参考文献】

　西本哲也，逸見和彦「実車衝突実験による中型，小型，原付スクータの速度鑑定方法の提案」自動車研究，第24巻，第5号・p.164（平成14年5月）

10 二輪車事故の見分方法と衝突速度解析事例

本章では，運動量保存則及びエネルギー保存則を用いた衝突速度の求め方について述べる。

10.1 二輪車事故の見分方法のまとめ

ここで二輪車事故の見分方法についてまとめる[1),2),3)]。

① すべての衝突部位の突き合わせを行う。
② 突き合わせから衝突角度を明確にする。
③ 衝突角度から，図10.1に示すように，飛び出し方向が明確になる。
④ 突き合わせから，二輪車の接触移動状況を明確にし，二輪車の飛び出し角度を求める。
⑤ 路面に印象された二輪車のタイヤ痕及び擦過痕などは，写真10.1に示すように，四輪車の飛び出し方向を示している。
⑥ 二輪車のホイールベースの縮小量を測定する（図10.2）。
⑦ 四輪車のバンパーラインにおける凹損量を測定する。

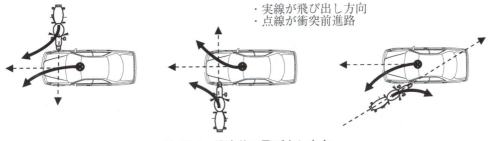

図10.1 衝突後の飛び出し方向

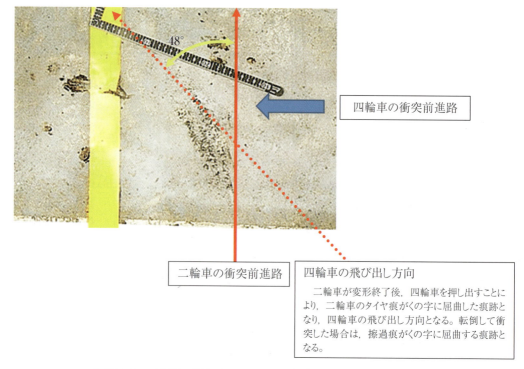

写真 10.1 路面に印象されたタイヤ痕（四輪車の飛び出し方向）

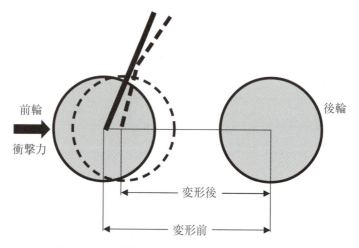

図 10.2 二輪車のホイールベース縮小量の測定

(1) 四輪車と二輪車との衝突

　写真10.2に示すように，衝突して二輪車及び自動車の側面の変形が終了した後，両車両は移動する。この写真で分かるように，自動車の移動開始時に二輪車のタイヤが自動車の飛び出し方向と平行にタイヤ痕を印象させるので，二輪車の衝突地点のタイヤ痕が重要となる。二輪車のタイヤ痕は，二輪車の進行方向を示し，次に自動車の飛び出し方向を示す。飛び出し方向が分かれば，自動車の重心の飛び出し角度を求めることができる。この飛び

出し角度は，運動量保存則における飛び出し角度になるので，重要である。

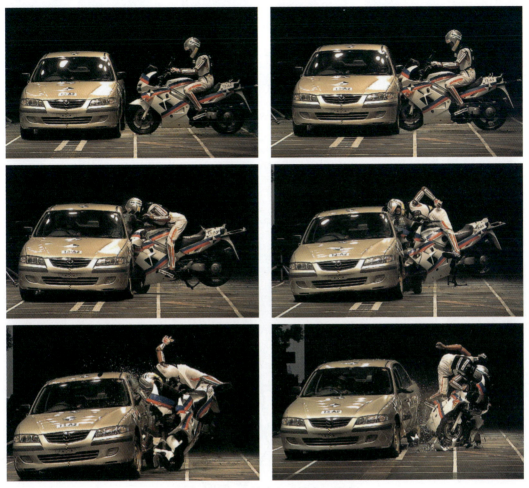

写真 10.2　四輪車と二輪車の衝突

(2) 衝突直後の飛び出し角度の推定
① 二輪車の衝突直後の飛び出し角度（α_A）の推定

　　二輪車は四輪車と衝突後，前輪が四輪車のドア部を凹損させ，変形終了後，四輪車は，右前方に押し出され，二輪車の前輪は，四輪車を右前方に押し出しながら四輪の飛び出し方向に追従し，その後二輪車と四輪車は離れてそれぞれの方向に飛び出していく。

　　図10.3は，路面に印象された二輪車の前輪タイヤ痕を二輪車と突き合わせて移動させた状況を示す。この突き合わせから二輪車の重心位置の移動を求め衝突直後の飛び出し角度を定める。

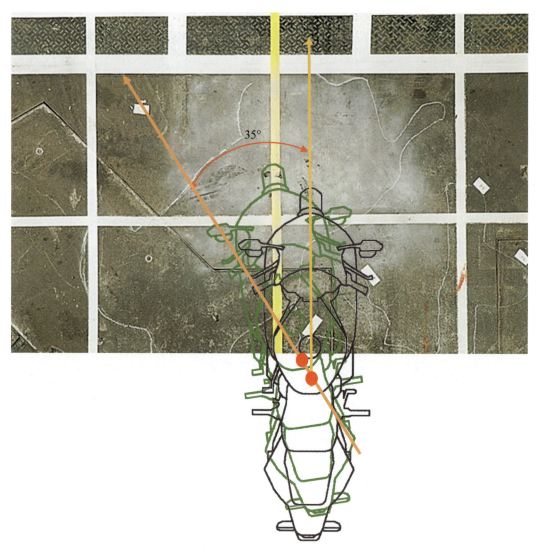

図 10.3　路面に印象された二輪車の前輪

② 四輪車の衝突直後の飛び出し角度（α_B）

　四輪車の衝突直後の飛び出し角度は，路面に印象されたタイヤ痕から見いだすものであるが，一般的な二輪車事故では，乗用車の路面痕跡から飛び出し角度を見いだすことは難しい。しかしながら，乗用車の飛び出し角度は，二輪車の前輪タイヤの痕跡から見いだすことができる。

　図10.4は，二輪車の前輪タイヤ痕と移動方向を示す。二輪車の前輪タイヤは，衝突後，回転が停止し，相手の車両の衝突部の変形及びフロントフォークなどの変形が終了するまでそのまま押し込む。四輪車の変形終了後，四輪車の移動が始まり，四輪車は，二輪車に押され右斜め前方に移動する。この時，二輪車の前輪は，四輪車の側面を押し込んでいるから，二輪車の前輪は四輪車の飛び出し方向にともに移動する。この時，二輪車

にタイヤ痕が印象されるから，四輪車の飛び出し角度が見いだせることになる。四輪車の飛び出し角度は，48°と計測される。

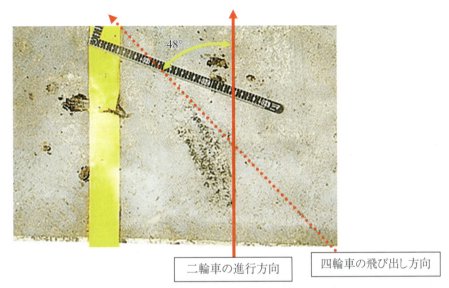

図10.4　二輪車の前輪タイヤ痕と移動方向

　図10.5に示すように，四輪車の右前輪の横ずれ痕と車軸セットを突き合わせて車軸セットの重心移動を測定した結果，二輪車の「くの字」のタイヤ痕から求めた飛び出し角度と一致した。よって，二輪車の「くの字」のタイヤ痕が，四輪車の飛び出し角度を示すことが確認される。

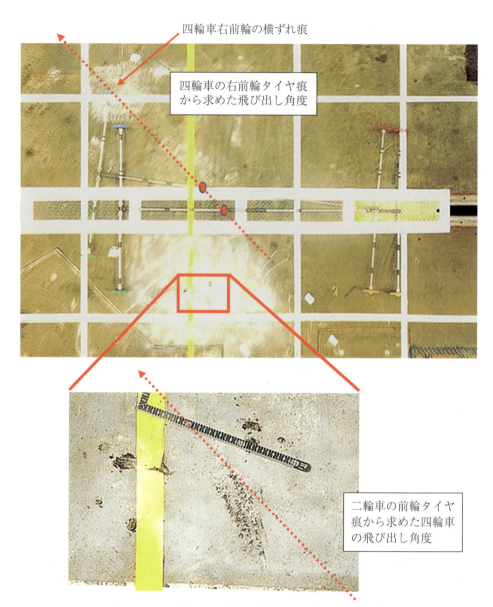

図 10.5　四輪車の右前輪の横ずれ痕と飛び出し角度

10.2　原動機付自転車の速度解析

　二輪車事故では，四輪車が右折するとき二輪車と衝突するものが多く，右折する四輪車が直進する二輪車に気付かずに衝突することが多い。四輪車の運転手は，事故当初は，右折するときに安全をよく確認せずに右折したことを認めていても，後日になって，右折できると思ったが，二輪車の速度が速かったため衝突したと供述を翻し，裁判で争う場合が多い。

二輪車事故の速度解析では，二輪車の乗員質量は考慮しないで運動量保存則及びエネルギー保存則を用いてきたのが一般的である。しかし，二輪車事故では，ライダーが乗車した状態で衝突するケースや，転倒して衝突するケースなどがあるが，ライダーが乗車した状態で衝突したケースにおいて乗員の質量の影響をどのように速度解析に考慮するかが課題であった。

 本章では，二輪車と四輪車が衝突した場合の衝突速度算出における乗員質量の影響について最新の研究結果について述べる。二輪車乗員質量の影響は，自動二輪車と原動機付自転車ではそれぞれ影響が異なるので，分けて述べることとする[4]。

(1) 試験

 試験は，走行中の四輪車の側面に原動機付自転車（以下「原付自転車」と呼ぶ。）を直角に衝突させ，原付自転車乗員の質量の影響について調べた。原付自転車は，50ccクラスを用い，原付自転車乗員（ダミー：質量75kg）を搭載した場合としない場合の衝突実験を行った。写真10.3は，牽引装置に装着した原付自転車の状況を示している。

写真 10.3　牽引装置に装着した試験車の状況

試験の車両形状別実験番号一覧並びに衝突条件を表10.1及び表10.2に示す。

表 10.1　車両形状別実験番号一覧（二輪車）

実験No.	乗員	車両形状	指定衝突速度
1	無し	ホンダディオ50cc	50km/h
2	有り	ホンダディオ50cc	

表 10.2　車両形状別実験番号一覧（四輪車）

実験No.	衝突部位	車両形状	指定衝突速度
1	左側面	日産ローレル	25km/h
2	左側面	日産ローレル	

また，試験車両の諸元を表10.3及び表10.4に示す。

衝突形態の例を図10.6に示す。原付自転車は，四輪車の左側面に衝突させた。

なお，原付自転車の進路を衝突角度0°とし，四輪車の衝突角度を90°とした。ダミーの質量は，75kgである。

表10.3 試験車両（原付自転車）の諸元

車両形状	質量（kg）	全長（mm）	軸間（mm）	全幅（mm）	全高（mm）
ホンダデュオ	68	1,675	1,140	615	995

表10.4 試験車両（四輪車）の諸元

車体形状	質量（kg）	全長（mm）	軸間（mm）	全幅（mm）	全高（mm）
日産ローレル	1,296	4,710	2,730	1,720	1,380

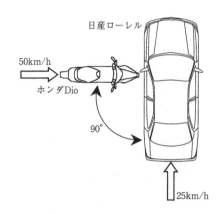

図10.6 衝突形態の例

(2) 原付自転車と四輪車の衝突現象

　四輪車の衝突現象は，衝突瞬間を0msとすると50msで最大荷重が発生し，100msで車体の変形はほぼ終了し，変形終了後，車両がある方向に飛び出す。四輪車のシートベルト非着用の乗員は，車体変形終了前に車室内の構造物へ衝突するため，乗員質量は四輪車の車体変形に影響を与えない。シートベルト着用の乗員は変形が終了する前の50ms～70msの間，ベルトにより拘束されるため，乗員質量は車体変形に影響を及ぼす。

　原付自転車乗員は，シートベルト等に拘束されることがないため，衝突時の形態によって，乗員質量の影響を考察する必要がある。

　本章は，原付自転車乗員の有無による原付自転車の軸間距離などの変形の差異，四輪車の衝突部位の車体変形及び車体飛び出し角度の差異について述べ，運動量保存則及びエネルギー保存則を適用して衝突速度を求める方法について解説する。

(3) 衝突速度の算出式

　衝突速度は，運動量保存則及びエネルギー保存則を用いて求める。

・乗員質量を考慮しない場合の運動量保存則は，次式で表される。

$$m_A V_A \cos\beta_A + m_B V_B \cos\beta_B = m_A V_{slipA} \cos\alpha_A + m_B V_{slipB} \cos\alpha_B \tag{10.1}$$

$$m_A V_A \sin\beta_A + m_B V_B \sin\beta_B = m_A V_{slipA} \sin\alpha_A + m_B V_{slipB} \sin\alpha_B \tag{10.2}$$

・原付自転車の乗員の質量を考慮した場合は，次式となる。

$$(m_A + m_人) V_A \cos\beta_A + m_B V_B \cos\beta_B = m_A V_{slipA} \cos\alpha_A + m_B V_{slipB} \cos\alpha_B \tag{10.3}$$

$$(m_A + m_人) V_A \sin\beta_A + m_B V_B \sin\beta_B = m_A V_{slipA} \sin\alpha_A + m_B V_{slipB} \sin\alpha_B \tag{10.4}$$

ここで，

V_A ＝原付自転車の衝突速度

V_B ＝四輪車の衝突速度

m_A ＝原付自転車の質量

m_B ＝四輪車の質量

$m_人$ ＝原付自転車乗員の質量

β_A ＝原付自転車の衝突角度

β_B ＝四輪車の衝突角度

α_A ＝原付自転車の飛び出し角度

α_B ＝四輪車の飛び出し角度

V_{slipA} ＝原付自転車の飛び出し速度

V_{slipB} ＝四輪車の飛び出し速度

である。

　ただし，乗員は，衝突後，衝突位置に停止した場合である。原付自転車の乗員が遠くに飛翔した場合は，持っていたエネルギーが飛翔するエネルギーで費やされるので，式(10.1)と同じ式となる。

　解析は，原付自転車の衝突角度を0°にとると，式（10.4）において，sin0°＝0となり，四輪車の速度が直接解析できる。

　原付自転車の事故において，運動量保存則を適用する場合，運動量保存則で四輪車の速度を算出し，その数値を用いてエネルギー保存から原付自転車の速度を求めた方が，精度よく及び効率よく速度計算ができる。

　したがって，運動量保存則の原付自転車の質量に無関係な sin の式を用いて四輪車の衝突速度を求め，求められた四輪車の衝突速度をエネルギー保存則に代入して，原付自転車の速度を求めることが原付自転車事故の速度解析のポイントである。

・原付自転車の乗員質量を考慮しない場合のエネルギー保存則は，次式で表される。

$$\frac{1}{2} m_A V_A^2 + \frac{1}{2} m_B V_B^2 = E_{barrierA} + E_{barrierB} + E_{slipA} + E_{slipB} \tag{10.5}$$

・原付自転車の乗員の質量を考慮した場合は，乗員が飛翔しないと考えて次式となる。

$$\frac{1}{2} (m_A + m_人) V_A^2 + \frac{1}{2} m_B V_B^2 = E_{barrierA} + E_{barrierB} + E_{slipA} + E_{slipB} \tag{10.6}$$

ただし，

$E_{barrierA}$ ＝原付自転車の変形による吸収エネルギー
$E_{barrierB}$ ＝四輪車の変形による吸収エネルギー
E_{slipA} ＝原付自転車が，衝突後，滑って停止するまでに消費したエネルギー
E_{slipB} ＝四輪車が，衝突後，滑って停止するまでに消費したエネルギー

である。

(4) 試験結果

写真10.4は，原付自転車乗員の有無による四輪車の変形の差異を示したものである。

　　　(a) 乗員無し　　　　　　　　　　　　(b)　乗員有り

写真 10.4　乗員の有無による四輪車の変形の差異

これらの写真から，原付自転車の乗員有りの場合は，四輪車の車体変形が大きいことが分かる。

写真10.5は，原付自転車の乗員の有無による軸間距離の縮小の差異を示したものである。

　　　(a) 乗員無し　　　　　　　　　　　　(b)　乗員有り

写真 10.5　乗員の有無による軸間距離の縮小量の差異

これらの写真から，原付自転車の乗員有りの場合は，軸間距離の縮小が大きいことが分かる。

表10.5及び表10.6は，原付自転車（50cc）乗員の有無による原付自転車及び四輪車の各測定値の差異についてまとめたものである。両ケースを比較すると原付自転車では，乗員有りの方が乗員無しよりも軸間縮小量で60mm，四輪車の吸収エネルギー量で約4倍大き

く，バリア換算速度にすると2倍大きい。

表10.5　乗員の有無による原付自転車の測定値

項目	乗員無し	乗員有り
軸間縮小量 [mm]	100	160
吸収エネルギー [J]	1666	6759.5
バリア換算速度 [m/s]	7	14.1
飛び出し角度 [deg]	355°	355°
前輪スリップ痕長 [m]	0.6	0.5
衝突後移動距離 [m]	1.5	1.7
飛び出し速度 [m/s]	4.1	4.2

表10.6　乗員の有無による四輪車の測定値

項目	乗員無し	乗員有り
吸収エネルギー [J]	3557.9	6820.1
バリア換算速度 [m/s]	2.3	3.2
飛び出し角度 [deg]	274°	274°
スリップ痕長 [m]	0	3.2
移動距離 [m]	7.5	6.1
飛び出し速度 [m/s]	7.2	6.9

写真10.6は，原付自転車乗員の有無による衝突状況の差異を示したものである。

(a) 乗員無し　　(b) 乗員有り
写真10.6　衝突後100ms時の車両の挙動

　原付自転車は，衝突開始から100ms後に，四輪車の進行方向に回転移動を始めた。よって，衝突開始から100ms後には，原付自転車のフロントフォークの変形が終了していることが確認できた。

　原付自転車の前輪が四輪車に衝突する場合は，原付自転車は必ずフロントフォークの曲

損と前輪の変形が生じる。原付自転車の乗員の有無によって軸間距離の縮小量に大きな違いが生じており，乗員質量が影響しているといえる。

(5) 原付自転車の乗員質量の有無による衝突速度計算の比較

① 原付自転車乗員の質量を考慮しない場合の衝突速度算出

原付自転車乗員の質量を考慮しない場合は，前述の式（10.2）及び式（10.5）を用いる。

$$m_A V_A \sin\beta_A + m_B V_B \sin\beta_B = m_A V_{slipA} \sin\alpha_A + m_B V_{slipB} \sin\alpha_B \tag{10.2}$$

$$\frac{1}{2} m_A V_A{}^2 + \frac{1}{2} m_B V_B{}^2 = E_{barrierA} + E_{barrierB} + E_{slipA} + E_{slipB} \tag{10.5}$$

これらの式に表10.3〜表10.6の数値を代入して，原付自転車及び四輪車の衝突速度を求めると四輪車の衝突速度は24.8km/h，原付自転車の衝突速度は71.3km/hと計算される。原付自転車の実際の衝突速度は，約49.8km/hであるから，質量を考慮しない計算結果は大きな誤差がある。

② 原付自転車乗員の質量を考慮した場合の衝突速度算出

原付自転車乗員の質量を考慮する場合は，前述の式（10.2）及び式（10.6）を用いる。

$$\frac{1}{2} (m_A + m_人) V_A{}^2 + \frac{1}{2} m_B V_B{}^2 = E_{barrierA} + E_{barrierB} + E_{slipA} + E_{slipB} \tag{10.6}$$

これらの式に表10.3〜表10.6の数値を代入して，原付自転車及び四輪車の衝突速度を求めると四輪車の衝突速度は24.8km/h，原付自転車の衝突速度は49.0km/hと計算される。原付自転車の実際の衝突速度は，約49.8km/hであるから，質量を考慮すると計算値は実験値とよく一致する。

原付自転車の乗員の質量が衝突速度に及ぼす影響についてまとめる。

・原付自転車の乗員の質量は，衝突現象に影響がある。

・原付自転車の衝突速度解析は，原付自転車の衝突角度を0°ととり，運動量保存則のsinの式により，四輪車の速度を求め，求められた四輪車の衝突速度を乗員質量を考慮したエネルギー保存則に代入して，原付自転車の衝突速度を求める。

● 10.3 自動二輪車の速度解析

本章では，自動二輪車と四輪車が衝突した場合の衝突速度算出における乗員質量の影響について述べる[4]。

(1) 試験条件

試験は，走行中の四輪車の側面に自動二輪車を直角に衝突させ，自動二輪車乗員の質量の影響について調べた。自動二輪車は，250ccクラスを用い，自動二輪車の乗員（ダミー：質量75kg）を搭載した場合としない場合で衝突実験を行った。写真10.7は，牽引装置に装

着した自動二輪車の状況を示している。

写真 10.7　牽引装置に装着した試験車の状況

試験の車両形状別実験番号一覧並びに衝突条件を表10.7及び表10.8に示す。

表 10.7　車両形状別実験番号一覧（自動二輪車）

実験No.	乗員	車両形状	指定衝突速度
1	無し	ホンダ　VTZ250	50km/h
2	有り	ホンダ　VTZ250	

表 10.8　車両形状別実験番号一覧（四輪車）

実験No.	衝突部位	車両形状	指定衝突速度
1	右側面	日産ローレル	25km/h
2	右側面	日産ローレル	

また，衝突形態の例を図10.7に示す。なお，自動二輪車の進路を衝突角度0°とし，四輪車の衝突角度を90°とした。ダミーの質量は，75kgである。

試験車両の諸元を表10.9及び表10.10に示す。

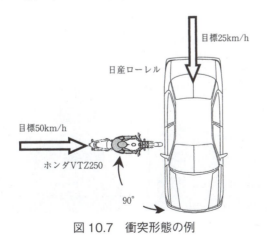

図 10.7　衝突形態の例

表 10.9　試験車両（自動二輪車）の諸元

実験No.	質量（kg）	全長（mm）	軸間（mm）	全幅（mm）	全高（mm）
1	150	2,035	1,370	715	1,070
2					

表 10.10　試験車両（四輪車）の諸元

実験No.	質量（kg）	全長（mm）	軸間（mm）	全幅（mm）	全高（mm）
1	1,295	4,710	2,720	1,720	1,380
2					

本試験では，自動二輪車乗員の有無による二輪車軸間距離などの変形の差異，四輪車の衝突部位の車体変形及び車体飛び出し角度の差異を明らかにし，運動量保存則及びエネルギー保存則を適用して衝突速度を求め，自動二輪車乗員質量の影響を解説する。

写真10.8は，自動二輪車乗員の有無による四輪車の変形の差異を示したものである。

(a) 乗員無し　　　　　　　　　　　(b) 乗員有り

写真 10.8　乗員の有無による四輪車の変形の差異

この写真から，自動二輪車の乗員有りの場合は，四輪車の車体変形が大きいことが分かる。

写真10.9は，自動二輪車乗員の有無による軸間距離の縮小の差異を示したものである。

(a) 乗員無し　　　　　　　　　　　(b) 乗員有り

写真 10.9　乗員の有無による軸間距離の縮小量の差異

表10.11及び表10.12は，自動二輪車乗員の有無による自動二輪車及び四輪車の各測定値

の差異についてまとめたものである。両ケースを比較すると、自動二輪車の乗員有りの方が乗員無しよりも軸間縮小量としては80mm大きく、吸収エネルギーでは、約1.9倍の値となっている。バリア換算速度にすると約1.4倍の値である。また、自動二輪車の乗員有りの場合は、燃料タンクが大きく凹損した。

表10.11 乗員の有無による自動二輪車の測定値

項目	乗員無し	乗員有り
軸間縮小量 [mm]	80	160
吸収エネルギー [J]	4107	7803
バリア換算速度 [m/s]	7.4	10.2
飛び出し角度 [deg]	5°	3°
スリップ痕長 [m]	0.6	0.7
衝突後移動距離 [m]	0.8	1.3
飛び出し速度 [m/s]	3.4	4.1

表10.12 乗員の有無による四輪車の測定値

項目	乗員無し	乗員有り
吸収エネルギー [J/m]	935.9	1151.7
バリア換算速度 [m/s]	2.6	2.9
飛び出し角度 [deg]	80°	80°
衝突後移動距離 [m]	6.1	6.7
飛び出し速度 [m/s]	7.1	7.1

写真10.10は、自動二輪車乗員の有無による衝突状況の差異を示したものである。

(a) 乗員無し　　　　　　　　　(b) 乗員有り

写真 10.10　衝突後100ms時の車両の挙動

これらの写真から、自動二輪車は衝突開始から100ms後には、四輪車の進行方向に回転移動を始めていることが分かる。よって、衝突開始から100ms後には、既に自動二輪車のフロントフォークの変形が終了していることが確認できる。

両ケースにおける測定数値による軸間距離の縮小量の違いは、乗員が燃料タンクに衝突したために差が生じたものと考えられる。乗員の股間部が燃料タンクに衝突し、タンクに

凹損を生じさせた乗員挙動は60ms～80ms の間であり，100ms 以内に発生した挙動であることから，車体変形に影響を与えている。

両ケースの四輪車の凹損量を比較すると，自動二輪車の乗員有りの方が凹損は大きいが，吸収エネルギー量で約1.2倍，バリア換算速度ではわずかに＋0.3m/s の違いである。

⑵　自動二輪車乗員の質量を考慮しない場合の衝突速度算出

自動二輪車乗員の質量を考慮しない場合は，前述の式（10.2）及び式（10.5）を用いる。

$$m_A V_A \sin\beta_A + m_B V_B \sin\beta_B = m_A V_{slipA} \sin\alpha_A + m_B V_{slipB} \sin\alpha_B \tag{10.2}$$

$$\frac{1}{2} m_A V_A^2 + \frac{1}{2} m_B V_B^2 = E_{barrierA} + E_{barrierB} + E_{slipA} + E_{slipB} \tag{10.5}$$

これらの式に表10.9～表10.12の数値を代入して，自動二輪車及び四輪車の衝突速度を求めると，四輪車の衝突速度は25.2km/h，自動二輪車の衝突速度は51.5km/h と求められる。自動二輪車の実際の衝突速度は，約48.5km/h であるから，質量を考慮しない計算結果は若干の誤差があることが分かる。

⑶　自動二輪車乗員の質量を考慮する場合の衝突速度算出

自動二輪車乗員の質量を考慮する場合は，前述の式（10.2）及び式（10.7）を用いる。

$$\frac{1}{2} (m_A + Km_人) V_A^2 + \frac{1}{2} m_B V_B^2 = E_{barrierA} + E_{barrierB} + E_{slipA} + E_{slipB} \tag{10.7}$$

これらの式に表10.9～表10.12の数値を代入して，自動二輪車及び四輪車の衝突速度を求める。自動二輪車の場合は，乗員が自動二輪車の燃料タンクに股間が衝突し，燃料タンクが乗員の運動エネルギーを吸収している。つまり，自動二輪車乗員の質量による運動エネルギーがすべて自動二輪車の軸間距離や四輪車の凹損吸収エネルギーに影響するのではなく，燃料タンクも乗員の運動エネルギーを吸収している。そこで，自動二輪車の乗員質量の影響係数を K として，燃料タンクなどのエネルギー吸収の影響係数を補正する式（10.7）を提案した。ただし，四輪車の速度は，式（10.2）から自動二輪車の質量に関係なく25.2km/h と計算される。

①　$K=1$（燃料タンクの凹損が乗員の運動エネルギーを吸収しない）

$K=1$ として，式（10.7）から自動二輪車の衝突速度を求めると，次のようになる。

$V_A = 42.8$km/h

乗員の質量をすべて考慮すると，衝突速度が実際の衝突速度48.5km/h より低く計算されることが分かる。

②　$K=1/2$（燃料タンクの凹損が乗員の運動エネルギーを半分吸収する）

$K=1/2$ として，式（10.7）から自動二輪車の衝突速度を求めると，次のようになる。

$V_A = 46.1$km/h

乗員の質量を半分考慮すると，衝突速度が実際の衝突速度48.5km/h より若干低く

計算されることが分かる。$K=1$よりも計算結果は改善されることが分かる。

③ $K=1/3$（燃料タンクの凹損が乗員の運動エネルギーを2/3吸収する）

$K=1/3$として，式（10.7）から自動二輪車の衝突速度を求めると，次のようになる。

$V_A = 47.5$km/h

乗員の質量を1/3考慮すると，衝突速度が実際の衝突速度48.5km/hとほぼ一致することが分かる。

これは，自動二輪車乗員が自車の燃料タンクに股間部を衝突させ，燃料タンクを凹損させたことにより，自動二輪車乗員の運動エネルギーが約2/3吸収されたと考えることができる。

原付自転車及び自動二輪車の乗員の質量を考慮した解析について以下にまとめる。

・二輪車乗員の質量は，衝突現象に影響がある。

・二輪車の衝突速度解析は，運動量保存則により，二輪車の乗員の有無に関係なく四輪車の速度を求め，四輪車の衝突速度を乗員質量を考慮したエネルギー保存則に代入して，二輪車の衝突速度を求めると精度のよい結果が得られる。

・乗員質量を考慮したエネルギー保存則は以下の式で与えられる。

$$\frac{1}{2}(m_A + Km_人)V_A^2 + \frac{1}{2}m_B V_B^2 = E_{barrierA} + E_{barrierB} + E_{slipA} + E_{slipB}$$

ただし，Kは，乗員質量の影響係数で，原付自転車は，$K=1$である。

自動二輪車の燃料タンクが凹損している場合は，$K=1/3$である。

自動二輪車の燃料タンクが凹損していない場合は，$K=0$である。

(4) 二人乗りの場合

写真10.11に一人乗りと二人乗りの同一速度の衝突状況を示し，写真10.12に一人乗りと二人乗りの燃料タンクの凹損状況を示す。

燃料タンクは，二人乗りの場合，大きく凹損し，軸間距離の縮小も大きい。

燃料タンクが凹損している場合は，二人の重量を加えて$K=1/3$である。

写真10.11　一人乗りと二人乗りの同一速度の衝突状況

写真10.12　一人乗りと二人乗りの燃料タンクの凹損状況

10.4　計算結果の検証

　二輪車事故の速度解析結果の検証について述べる。二輪車乗員は，転倒して事故回避する場合もあるが，回避できずにそのまま衝突することが多い。図10.8に示すように，二輪車前輪前端が最初に自動車に接触し，その後，二輪車乗員の頭部が自動車のルーフやピラーなどに衝突する。二輪車前輪前端から，二輪車乗員の頭部先端の距離をL_1とし，自動車の二輪車前輪のタイヤ痕位置から頭部衝突位置までの平行距離をL_2とする。L_1とL_2の比が自動車と二輪車の衝突直前の速度比となる。自動車が右折時の場合は，自動車の速度が10〜20km/h程度であるから，この比から計算した二輪車の速度が検証できる。また，事故現場で，距離の比から速度比が推定できるので有用である。

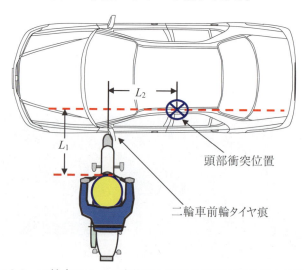

図10.8　二輪車のタイヤ痕位置と乗員の頭部衝突位置の距離比

10.5 二輪車の制動タイヤ痕からの事故解析事例

　直進する二輪車の直前に右折する車両と衝突する場合や，直進する二輪車の直前に車線変更する車両との衝突事故が起こることがある。直進する二輪車は，危険を感じて制動操作して路面にタイヤ痕を印象させて衝突することがある。二輪車の前輪がロックすると転倒するから，タイヤ痕を印象させた場合は，後輪タイヤが印象させたと考えるのが妥当である。

　本事故の概要は，被疑者が中型貨物自動車を運転し，片側2車線の第2車線を南方から北方に向けて約50km/hで進行中，進路を第2車線から第1車線に変更するに当たり，安全不確認のまま，左にハンドルを転把して車線を変更したことにより，後続車両である大型自動二輪車を未発見のまま，自車左側後部に衝突させたものである。本事故では，運動量保存則及びエネルギー保存則が適用できない事案であった。

　図10.9は，交通事故現場見取図である。

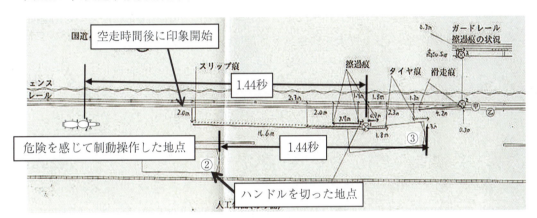

図10.9　交通事故現場見取図

　被疑車両の走行速度は，約50km/h（13.9m/s）と認められていた。被疑車両が，車線変更するためにハンドルを左に切った地点は②であり，②地点から衝突した地点③までの距離は20mと計測されている。

　被害車両の走行速度を計算するために必要な距離，時間などを以下に整理する。

　②から③までの距離Lは，$L = 20$mである。

　被疑車両の速度は，$V_A = 13.9$m/sである。

　被疑車両の②から③までの進行時間t_Aは，$t_A = L/V_A = 20/13.9 = 1.44$秒である。

　被害車両のスリップ痕の長さSは，$S = 16.6$mである。

　被害車両のスリップ痕印象開始時の速度をV_{B1}とし，衝突直前の速度をV_{B2}とする。

　オートバイの空走時間：乗用車とは異なり，足がブレーキペダルの上に常に位置しているため踏み換え時間が不要で，オートバイにおいては，危険を感じてブレーキ痕が印象さ

れるまでの空走時間 T は，$T = 0.5$秒とおける。

被害車両が制動して速度が V_{B1} から V_{B2} に減速したとすると，制動距離（スリップ痕長さ S）と速度の関係は次式で表される。

$$S = \frac{V_{B1}^2 - V_{B2}^2}{2\mu g} \tag{10.8}$$

ただし，μ はタイヤと路面間の摩擦係数で後輪だけ印象したから，μ は前後輪が制動する場合の半分の0.4とする。オートバイのタイヤの摩擦係数は，若干高く，前後輪が制動した場合は，0.8である。また，g は重力加速度で9.8m/s^{2}である。

次に，被害車両が制動して速度が V_{B1} から V_{B2} に減速したときの時間 T_0 は次式で表される。

$$T_0 = \frac{V_{B1} - V_{B2}}{\mu g} \tag{10.9}$$

被害車両が危険を感じて衝突するまでの時間と被疑車両がハンドルを切って車線変更を開始して衝突するまでの時間 $t_A = 1.44$秒は等しいから，次式が成り立つ。

$$t_A = T + T_0 = 1.44 \tag{10.10}$$

よって，被害車両がスリップ痕を印象させて衝突するまでの時間は，次式となる。

$$T_0 = t_A - T = 1.44 - 0.5 = 0.94 \tag{10.11}$$

式（10.11）を式（10.9）に代入して T_0 を消去すると次式を得る。

$$V_{B1} - V_{B2} = 0.94 \times 0.4 \times 9.8 = 3.68 \tag{10.12}$$

式（10.8）を変形して，

$$V_{B1}^2 - V_{B2}^2 = S \times 2\mu g = 16.6 \times 2 \times 0.4 \times 9.8 = 130.1 \tag{10.13}$$

式（10.12）と式（10.13）を連立させることによって，速度 V_{B1} 及び V_{B2} を求めることができる。

よって，被害車両の各速度は，次式となる。

スリップ痕印象開始地点の速度　　　$V_{B1} = 19.5$m/s（70.2km/h）　　　　(10.14)

衝突直前の速度　　　　　　　　　$V_{B2} = 15.8$m/s（56.9mk/h）　　　　(10.15)

【参考文献】

1) 山崎俊一「自動車と二輪車の衝突における二輪車の飛び出し方向—二輪車事故（その１）—」月刊交通・pp.80－87（2006年10月号）

2) 山崎俊一「二輪車事故における衝突角度及び衝突後の飛び出し角度の求め方—二輪車事故（その２）—」月刊交通・pp.74－79（2006年11月号）

3) 山崎俊一「二輪車事故の見分方法と衝突速度解析事例—二輪車事故（その３）—」月刊交通・pp.59－66（2007年１月号）

4) 山崎俊一，久保田正美，山田喜久司「二輪車乗員の質量が衝突速度解析に及ぼす影響」自動車研究，Vol.30，No.4・pp.17－22（2008年４月）

11 四輪車及び二輪車の潜り込み時のバリア換算速度

● 11.1　四輪車の潜り込み時のバリア換算速度

　乗用車が大型トラックと正面衝突や追突して，乗用車が衝突時に大きなタイヤを持つトラックの下部に潜り込む事故がある。そのため，トラックの前部及び後部には，突入防止装置が取り付けられている。

　本稿では，乗用車が大型トラックと衝突し，大型トラックの下部に潜り込んだ場合のバリア換算速度の求め方について述べる。

⑴　前部突入防止装置（フロントアンダーランプロテクター：FUP)

　FUPは，図11.1に示すように，トラックの前部に取り付けられ，正面衝突時に乗用車のボンネットが潜り込むのを抑制する装置である。

図 11.1　大型トラックに装着された FUP

⑵　後部突入防止装置（リアバンパー）

　車両総重量が3.5トン以上の貨物車には，後部突入防止装置の取り付けが保安基準に規定されている。その基準は，非積載状態で最低地上高が550mmで，フレーム結合部とバンパー端部で強度が規定されている。

⑶　オーバーラップ率とつぶれ比（ボンネット乗用車にのみ適用）[1]

　衝突時の乗用車のオーバーラップ率（衝突率）によって，乗用車の大型トラックへの潜り込み量が異なる。また，大型トラックのリアバンパーの高さによっても潜り込み量が異なる。図11.2は，オーバーラップ率を示し，図11.3は，つぶれ比を示している。

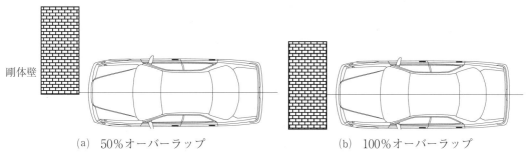

(a) 50%オーバーラップ　　　　　　　(b) 100%オーバーラップ

図11.2　オーバーラップ率

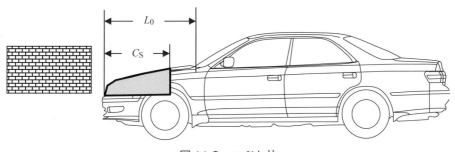

図11.3　つぶれ比

つぶれ比は，次式で定義する．

$$\text{つぶれ比} = \frac{C_S}{L_0} \times 100 (\%) \tag{11.1}$$

C_S：つぶれ長さ(mm)

L_0：バンパー先端からフロントガラスの付け根までの長さ(mm)

図11.4は，リアバンパー高さ（バリアの高さ）と乗用車フロントの位置を示している．バリアの高さによって，潜り込んだ時のエネルギー吸収量が異なる．

$H=300$mm のバリアでは，サイドメンバー，エンジンブロック，アッパーメンバーのすべてに接触する．

$H=400$mm では，サイドメンバー，エンジンブロックに接触する．

$H=550$mm では，サイドメンバー，エンジンブロック上部に接触する．

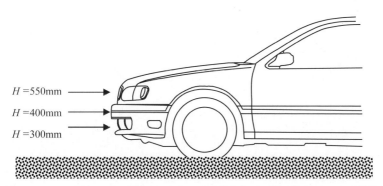

図11.4　リアバンパーの高さ（バリアの高さ）と乗用車フロントの位置

図11.5は，乗用車のつぶれ比とエネルギー吸収の関係を示している。オーバーラップ率が大きいほどエネルギー吸収量が大きく，つぶれ比が大きいほどエネルギー吸収率が大きい。

(4) エネルギー吸収図

図11.6〜図11.9は潜り込み時のオーバーラップ率及びつぶれ比ごとのエネルギー吸収図を示している。バリアの高さによって，それぞれのエネルギー吸収図を用いることで，バリア換算速度が求められる。

(5) 潜り込みバリア換算速度の計算例

写真11.1及び写真11.2は，衝突前の試験車両の前面及び側面の状況を示している。写真11.3及び写真11.4は，高さ550mmのバーに衝突した変形状況を示している。

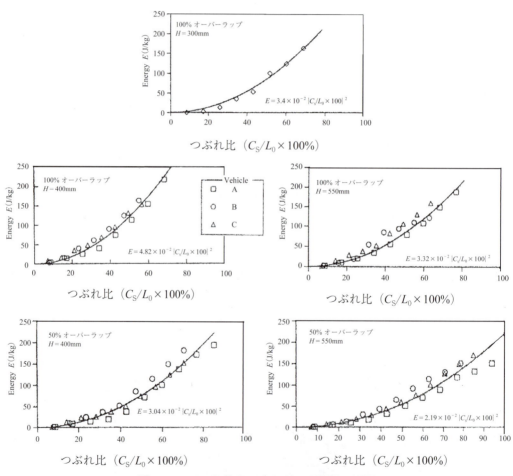

図11.5 つぶれ比とエネルギー吸収量の関係

×0.1

	6	6	6	6	6	6		
18	18	18	18	18	18	18	18	20
30	30	30	30	30	30	30	30	30
42	42	42	42	42	42	42	42	40
54	54	54	54	54	54	54	54	50
67	67	67	67	67	67	67	67	60
78	78	78	78	78	78	78	78	70
91	91	91	91	91	91	91	91	80
(102)	(102)	(102)	(102)	(102)	(102)	(102)	(102)	90
(115)	(115)	(115)	(115)	(115)	(115)	(115)	(115)	100

つぶれ比%

図11.6　オーバーラップ率100%，$H = 400$mmのエネルギー吸収図

×0.1

	0	0	0	0	0	0		
4	4	4	4	4	4	4	4	20
12	12	12	12	12	12	12	12	30
21	21	21	21	21	21	21	21	40
29	29	29	29	29	29	29	29	50
38	38	38	38	38	38	38	38	60
46	46	46	46	46	46	46	46	70
54	54	54	54	54	54	54	54	80
62	62	62	62	62	62	62	62	90
(71)	(71)	(71)	(71)	(71)	(71)	(71)	(71)	100

つぶれ比%

図11.7　オーバーラップ率100%，$H = 550$mmのエネルギー吸収図

×0.1

				8	8	8		10
				18	18	18	18	20
				38	38	38	38	30
				53	53	53	53	40
				69	69	69	69	50
				84	84	84	84	60
				99	99	99	99	70
				114	114	114	114	80
				(129)	(129)	(129)	(129)	90
				(145)	(145)	(145)	(145)	100

つぶれ比%

図11.8　オーバーラップ率50%，$H = 400$mmのエネルギー吸収図

図 11.9　オーバーラップ率 50%，$H = 550\text{mm}$ のエネルギー吸収図

写真 11.1　試験車両（前面）

写真 11.2　試験車両（側面）

写真 11.3　衝突後の変形（前面）

写真 11.4　衝突後の変形（側面）

　潜り込み時のバリア換算速度表は，オーバーラップ率100％と50％にそれぞれ地上高 $H=400\mathrm{mm}$，550mm の計4つの表がある。本ケースではオーバーラップ量が約60cm，オーバーラップ率にすると約30％となり，一致する表が存在しない。そのため，条件の最も近い $H=550\mathrm{mm}$，50％オーバーラップの表を使用する。適用する変形エリアは，相手の車両のバンパー高さの部分となる。

　潜り込み時のバリア換算のつぶれ比は，図11.10に示すように，以下のとおりであった。

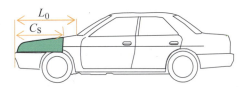

つぶれ比＝ $C_\mathrm{S}/L_0 \times 100$（％）

図 11.10　つぶれ比

$$\text{つぶれ比} = \frac{C_\mathrm{S}}{L_0} = \frac{940}{1250} = 0.75 = 75\%$$

このつぶれ比を適用した表を表11.1に示す。

表11.1　H＝550mm　50%オーバーラップ潜り込み時のバリア換算速度表

0	0	0	0		×0.1
6	6	6	6		
16	16	16	16		
28	28	28	28		
38	38	38	38		
49	49	49	49		
60	60	60	60		
71	71	71	71		
82	82	82	82		
94	94	94	94		
104	104	104	104		
115	115	115	115		

0	0	0	0		×0.1
6	6	6	0		
16	16	16	0		
28	28	28	0		
38	38	38	0		
49	49	29	0		
60	60	30	0		
0	0	0	0		
0	0	0	0		
0	0	0	0		
0	0	0	0		
0	0	0	0		

単位質量当たりの吸収エネルギーe（総数）は，54（J/kg）である。

よって，バリア換算速度V_{CS}は，以下のように求められる。

$$V_{CS} = \sqrt{2e} = \sqrt{2 \times 54} = 10.4 \, (\text{m/s}) = 37.4 \, (\text{km/h})$$

　潜り込み衝突による変形から求められるバリア換算速度は，以上のように求めることができる。バリア換算速度が求められることによって，エネルギー保存則が適用できるので，衝突速度を求めることができる。

　潜り込みバリア換算速度は，ボンネット乗用車が大型トラックなどと衝突して，トラックの車体下部に潜り込んだ事故における，衝突速度の解析に用いることができる。潜り込みバリア換算速度表は，数例しかないので，オーバーラップ率，衝突の高さなど，現状に合ったものを適宜換算して用いることが重要である。

【参考文献】

1)　Mitsuo Horii, Kunio Tomura, A Study of Front Underrun Protects for Heavy Vehicles

●11.2　二輪車の潜り込み時のバリア換算速度

　二輪車事故は，出会い頭事故，右直事故，追突事故などがあるが，中でも気軽に乗れるスクータータイプの二輪車や排気量50cc以下の原付自転車の事故が多く発生している。

　二輪車事故において，前輪から衝突する場合はホイールベース間隔が縮小する。

　一方，二輪車のハンドルポストの上部がトラックの荷台に追突した場合や，二輪車が転倒滑走して車両の車底部に衝突した場合，ホイールベース間隔が拡大することがある。

　本章では，50cc・750ccクラスの二輪車における，ハンドルポストの上部が衝突し，変形したホイールベースから衝突速度を解析する方法について述べる[1]。

(1) 二輪車の突起バリア（固定壁）衝突試験

写真11.5に，衝突試験に使用した2種類の二輪車（排気量750ccクラス・50ccクラス）を示す。二輪車の質量は，750ccクラスは480kg，50ccクラスは68kgである。

750cc　　　　　　　　　　　　50cc

写真 11.5　試験車両

衝突試験は，写真11.6に示すように，突起バリアに取り付けられたH鋼部分と実験車のハンドルポスト部分を衝突させた。衝突車両は衝突により衝突部分が後退し，フレーム等が変形することによって，ホイールベース間隔が拡張するかあるいは縮小する。

750cc　　　　　　　　　　　　50cc

写真 11.6　突起バリア衝突の状況

(2) 衝突速度と損傷状況

写真11.7に実験車の損傷例を示す。750ccの試験車両の前輪は，前方に飛び出し，ホイールベースが拡張することが分かった。しかしながら，50ccの実験車の前輪は後退し，ホイールベースは縮小することが分かった。

750cc（速度 50.3km/h）　　　　　50cc（速度 30.1km/h）

写真 11.7　試験車両の損傷状況

ハンドルポストが固定壁に衝突した場合のバリア換算速度は，以下のように求められた。

・大型二輪車（750cc）の軸拡張近似式

$$V_A = 0.2781 X_{WB} + 15.331$$

・スクーター型二輪車（50cc）の縮小近似式（3本フレーム構造）

$$V_B = 0.3642 X_{WB} + 16.408$$

　ここで，V_A，V_B：バリア換算速度（km/h）

　　　　　　X_{WB}：ホイールベース拡張量，又は縮小量（mm）

である。

【参考文献】

1)　山崎俊一，久保田正美「二輪車事故の速度解析」自動車研究，Vol.27, №4・pp.25−30（2005年4月）

12 歩行者及び自転車事故における衝突地点の推定

これまで，歩行者事故における衝突速度及び衝突地点の特定は難しいとされてきた。それは，自転車事故や二輪車事故も同様であるが，衝突地点に衝突の痕跡が残りにくいことが要因の一つである。自動車と衝突した歩行者や自転車の被害者は，大きな人体傷害を生じ，死亡するケースが多い。目撃者のいない夜間の事故では，自動車運転者の供述に基づいて衝突地点などの実況見分が行われるため，真実の解明ができない場合もある。これまで，よく問題になったのは，自動車運転者の供述の信用性である。

例えば，

・歩行者が飛び出して，ブレーキを踏んだが間に合わなかった

・横断歩道ではないところを横断したため事故になった

などの供述の信用性である。

歩行者が飛び出したために，急制動したが間に合わない場合と，発見が遅れて間に合わないとでは，過失が大きく異なるのである。歩行者事故では，衝突地点が見いだせれば事故の全体が明確になることが多く，衝突地点の特定は重要である。

そこで，本章では，歩行者事故及び自転車事故における衝突地点の推定について述べることとする。

12.1 歩行者事故における歩行者の転倒距離

最初に，歩行者が車両の前面に衝突した場合の自動車の衝突速度について説明する[1]。ここでは，歩行者の運動を重心位置における質点の運動と考える。

歩行者の衝突地点から停止するまでの距離 X は，歩行者が前方に投げ出されて着地するまでの放物運動による移動距離 X_1 と，着地して路面を滑走して停止するまでの距離 X_2 からなっていると考えることができる[1]。ここで，歩行者の路面着地時の反発係数は 0，歩行者の飛び出し速度は，自動車の衝突速度と等しいものと仮定する。また，衝突時に歩行者がボンネットから φ という角度で飛び出すと考えられるが，その影響は小さいと考え，飛び出しの高さ h から水平に飛び出したと仮定する。したがって，図12.1に示すように，歩行者の衝突後の転倒移動距離 X は，次式で与えられる。

$$X = X_1 + X_2 = V\sqrt{\frac{2h}{g}} + \frac{V^2}{2\mu_x g} \tag{12.1}$$

ここで，

V：衝突直後の歩行者の投げ出された速度（自動車の衝突速度）（m/s）

μ_x：歩行者と路面間の摩擦係数
g：重力加速度（9.8m/s^2）
h：歩行者の重心位置（m）

である。

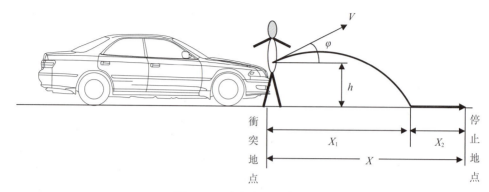

図12.1　歩行者の衝突状況

さらに，簡略化された実験式が示されている[2]。

$$X = 0.1V^2 \tag{12.2}$$

あるいは，

$$V = \sqrt{10X} \quad (\text{m/s}) \tag{12.3}$$

これは，大人（175cm）のダミーで実施した実験結果から求められた実験式で，大人の歩行者事故にはよく一致する。小さな子供の場合は，身長が小さいので同一の速度で大人より遠くへ転倒するため，一致しないといわれている。

よって，子供の場合は，近似式として次の式を用いる。

$$X = V^2/7.5 \tag{12.4}$$

あるいは，

$$V = \sqrt{7.5X} \quad (\text{m/s}) \tag{12.5}$$

これは，身長126cmの子供ダミーで求めた近似式である。

表12.1に示した大人及び子供ダミーを用いて衝突実験を行い，式（12.2）から式（12.5）の実験式を確認した。試験車両はワンボックス車とセダンの2台で実施した。衝突速度は30km/h（8.33m/s）とした。

表12.1　ダミーの数値例

ダミー	体重	身長
大人	75kg	175cm
子供	22.5kg	126cm

表12.2は，衝突速度の計算結果と測定結果の比較を示す。

表 12.2　転倒距離の試験結果と計算結果の比較（実験衝突速度 30km/h）

ダミー	試験車両 1		試験車両 2	
	計算衝突速度	測定転倒距離	計算衝突速度	測定転倒距離
大人	32.2km/h	8.0m	29.0km/h	6.5m
子供	28.7km/h	8.5m	31.2km/h	10.0m

表12.2から，約10%以内の誤差で，衝突速度の推定ができることが分かる。

図12.2に大人ダミー（身長175cm，体重75kg）及び子供ダミー（身長126cm，体重22.5kg）を用いて，式（12.2）から式（12.5）の計算例を示した。

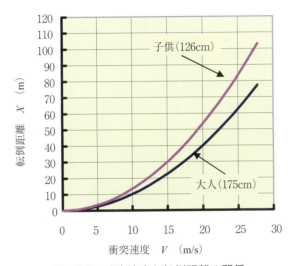

図 12.2　衝突速度と転倒距離の関係

12.2　歩行者事故における衝突地点の推定方法

歩行者が車両前面に衝突し，自動車が急制動してタイヤ痕が印象されて停止した場合に適用できる衝突地点の推定方法について述べる。

歩行者事故において，急制動して停止した場合は，タイヤ痕が路面に印象されるので，車両の走行していた速度を，おおよそ推定することができる。

図12.3は，実際に起きた歩行者事故の事例を示したものである。この問題のポイントは，運転者の供述による衝突地点が真実であるかどうか，及び横断歩道でない場所から歩行者が急に飛び出してきたという供述が真実か否かである。これらの問題は，これまで衝突地点が判明しなかったため，明確にできなかった。そこで，数学的手法による歩行者の衝突地点の推定方法について述べる。

いま，制動したタイヤ痕の長さを L とすると，制動初速度 V_0 が次式で与えられる。

$$V_0 = \sqrt{2\mu g L} \quad \text{(m/s)} \tag{12.6}$$

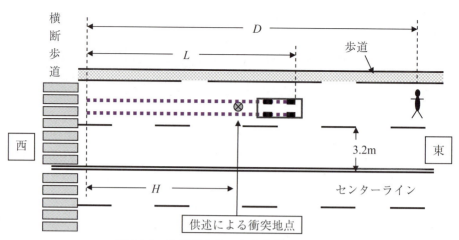

図12.3 歩行者事故の交通事故現場見取図

制動痕転倒位置から，自動車の走行速度及び衝突地点を理論的に算出することができる。自動車の制動痕の印象始めを原点Oとすると，衝突地点は，2箇所考えられる。図12.4は，解析のための座標を示す。

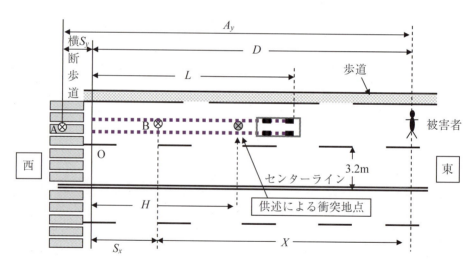

図12.4 交通事故現場見取図と座標

(1) スリップ痕の印象前に歩行者と衝突した場合

一つは，衝突地点Aである。これは，制動痕が印象する前に衝突し，距離A_yだけ歩行者を跳ね飛ばした場合である。衝突速度は，スリップ痕の長さから，V_0という速度であり，衝突地点を原点Oから西方向にS_yとすると，衝突地点Aは，原点Oから西に次式の距離となる。

$$S_y = D - X$$
$$= D - V_0^2/10 \tag{12.7}$$

(2) スリップ痕を印象させながら歩行者と衝突した場合

原点 O から真実衝突地点 B までの距離を S_x とする。図12.4に示したように，衝突地点 B から被害者の転倒停止地点までの距離を X とし，自動車の制動痕の印象始めから被害者転倒位置までの距離を D（m）とする。制動開始時の速度を V_0 とし，衝突地点における速度を V（衝突速度）とする。制動痕の印象始めの時間を t_0 とし，任意の時間を t とする。

制動痕が印象されて t 秒後の距離 S は，次式で与えられる。

$$S = V_0 t - \frac{1}{2} \alpha t^2 \tag{12.8}$$

ただし，

  α：減速度（$\alpha = \mu g$）

  μ：タイヤと路面間の摩擦係数（乾燥 $\mu = 0.75$）

  g：重力加速度（$9.8 \mathrm{m/s}^2$）

である。

また，そのときの速度 V は，次式となる。

$$V = V_0 - \alpha t \tag{12.9}$$

式（12.8）及び式（12.9）から，t を消去すると次式を得る。

$$V_0^2 - V^2 = 2\mu g S \tag{12.10}$$

あるいは，

$$V^2 = V_0^2 - 2\mu g S \tag{12.11}$$

時間 t は，次式で与えられる。

$$t = \frac{V_0 - V}{\alpha} = \frac{V_0 - V}{\mu g} \tag{12.12}$$

(3) 高速で衝突した場合

高速で衝突した場合，被害者は，フロントガラスまで達して，そこから飛翔する。この場合も，$V = \sqrt{10X}$ が成立する。しかしながら，衝突地点を推定するには被害者の重心部分（へその位置）が車体前面のどの地点から離脱したかが重要になる。被害者の重心部分（へその位置）が車体前面から離脱した位置の特定が衝突地点の推定精度に大きく影響を与える。

図12.5は，歩行者の接触瞬間の状況である。この状態で歩行者は飛び出さない。

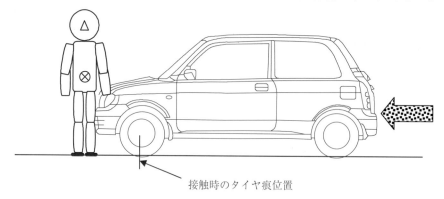

図 12.5　歩行者の接触瞬間の状況

図12.6は，低速衝突時の歩行者の飛び出し瞬間の状況を示している。

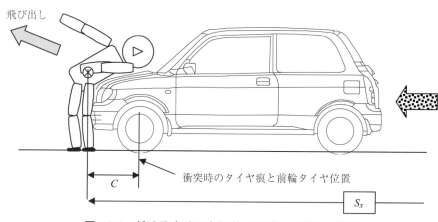

図 12.6　低速衝突時の歩行者の飛び出し瞬間の状況

　歩行者が，ボンネット上のどの位置まで到達して飛び出したかが重要で，低速で衝突した場合は，図12.6に示すように，前輪タイヤの中心よりCだけ前の位置である。

　図12.7は，高速衝突時の歩行者の飛び出し瞬間の状況を示している。高速で衝突した場合は，歩行者の足が上に跳ね上がり歩行者の重心が前輪タイヤの中心位置より後方にCの位置となる。よって，衝突時の前輪のスリップ痕地点はS_x-Cとなる。

　歩行者の場合，速度が40km/h以下では，フロントガラスまで頭部は届かないので，歩行者の重心位置がボンネットのどの位置かを突き合わせて見分することが重要である。高速で歩行者が跳ねられて，フロントガラスが頭部衝突により蜘蛛の巣状になった場合は，フロントガラスの凹損部に歩行者の頭部を置いて，かなり足が上がったと認めて，歩行者の重心の位置を特定する。フロントガラスが，陥没していた場合は，高速で衝突したと認められるから，陥没した位置を歩行者の重心位置とすればよい。

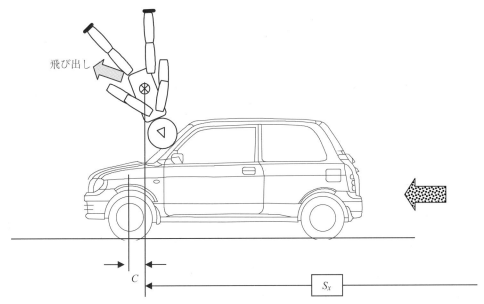

図12.7 高速衝突時の歩行者の飛び出し瞬間の状況

ここで，原点Oから衝突地点までの距離をS_xとすると，衝突時の前輪のスリップ痕地点は，図12.6のように低速の場合は，S_x-Cとなる。図12.7のように高速の場合は，衝突地点が前輪より後方になるため，S_x+Cとなる。ただし，飛び出し地点が衝突地点である。

被害者の転倒停止地点までの距離をD(m)として，次式が成り立つ。

$$D = S_x + X \tag{12.13}$$

である。

次に，自動車と人体が衝突した場合の転倒距離Xと衝突速度Vの関係は，近似的に式(12.3)で与えられている。ただし，高速の場合で，飛び出し位置は，S_x+Cとする。

式(12.3)及び式(12.11)は等しいから次式を得る。

$$V^2 = 10X = V_0^2 - 2\mu g(S_x + C) \tag{12.14}$$

制動痕の長さLから制動初速度を求める式は，式(12.6)で与えられている。

式(12.13)を式(12.14)に代入すると次式を得る。

$$10(D - S_x) = V_0^2 - 2\mu g(S_x + C) \tag{12.15}$$

よって，歩行者の衝突地点はスリップ痕の印象開始地点からの距離として，

$$S_x = \frac{V_0^2 - 2\mu gC - 10D}{2\mu g - 10} \tag{12.16}$$

となる。

この式は，近似的に求められた式ではあるが，歩行者事故現場で，供述が信用できるものか判断するのには，極めて有用である。

なお，子供の場合は，式(12.16)の10を7.5とすればよい。

(4) 数値例

図12.4を参照して，実際の歩行者事故で計算してみよう。

　ある事故において，運転者が衝突地点として示した距離はスリップ痕の印象始めから，$H = 20$m であると指示説明したが，その信用性が問題になった。寸法は，以下に示す。ただし，距離の原点は，スリップ痕の印象開始地点である。

$H = 20$m（運転者供述による衝突地点までの距離）

$D = 36$m（歩行者の転倒停止までの距離）

$L = 26$m（自動車のスリップ痕の長さ）

$C = 1$ m

前述したように，計算としては，2つの衝突地点が考えられる。

自動車の走行速度は，式（12.6）から，

$$V_0 = \sqrt{2\mu g L} \quad (\mathrm{m/s})$$
$$= \sqrt{2 \times 0.75 \times 9.8 \times 26}$$
$$= 19.5 \mathrm{m/s}(70.4 \mathrm{km/h})$$

① スリップ痕の印象前に歩行者と衝突した場合

衝突速度は，制動初速度 V_0 である。式（12.7）から，

$$S_y = D - X$$
$$= D - 0.1V_0^2$$
$$= 36 - 0.1 \times 19.5^2$$
$$= -2.2 (\mathrm{m})$$

と得られ，衝突地点はスリップ痕の印象前の -2.2m の地点か，それ以上後ろである。衝突速度は，19.5m/s（70.4km/h）で，すぐにブレーキを踏んだとして，転倒距離は，38.2m である。

② スリップ痕を印象させながら歩行者と衝突した場合

式（12.16）から，

$$S_x = \frac{V_0^2 - 2\mu g C - 10D}{2\mu g - 10}$$

$$= \frac{19.5^2 + 2 \times 0.75 \times 9.8 - 10 \times 36}{2 \times 0.75 \times 9.8 - 10}$$

$$= 7.9 (\mathrm{m})$$

と得られ，衝突地点はスリップ痕の印象始めから7.9m の地点である。

このときの衝突速度は，式（12.11）から，

$$V^2 = V_0^2 - 2\mu g S$$
$$= V_0^2 - 2\mu g (S_x - 1)$$
$$= 19.5^2 - 2 \times 0.75 \times 9.8 \times (7.9 - 1)$$
$$V = 16.8 \,(\text{m/s})$$
$$= 60.3 \,(\text{km/h})$$

となる。転倒距離は，約28.1m である。

　以上のように，2つの衝突地点が得られるが，歩行者への衝突速度は60.3〜70.4km/hであり，計算上では，大きな差異がある。ここで，重要な点は，運転者が示した衝突地点との差異である。いずれにしても，運転者の供述とは大きく異なることが分かる。

【参考文献】
1)　山崎俊一「歩行者および自転車事故における衝突地点の推定」月刊交通・pp.64-73（2004年4月号）
2)　対歩行者安全対策研究委員会「自動車の安全性向上に関する研究補助事業報告書（その2）対歩行者安全車の研究」日本自動車研究所・p.273（1972）

12.3　低速ではねられた歩行者事故

(1)　歩行者が低速の車両と衝突した場合の歩行者の挙動について

・　車両が制動中に歩行者と衝突，あるいは，歩行者の衝突と同時に制動した場合

　歩行者は，車両の制動時の速度で車両前面から飛び出し，道路に転倒する。図12.8に示すように，歩行者の足がバンパーによってはね上がっていれば，歩行者の足が車両の進行方向に向かい，車の進行方向と逆方向に頭部が向いて転倒する。車両は制動しているため，歩行者より短い距離で停止し，歩行者を轢過することはない。

制動中に衝突すると足がはね上がって，車両の前方に投げ出され，足が車両の進行方向に向く。

図12.8　足がはね上がった状態で制動

・　歩行者と衝突後，制動した場合

　図12.9に示すように，歩行者の足は，道路の方に垂れ下がった状態となるため，車両の制動によって，歩行者は足から落下して，足が支点となって頭部が前方に倒れ込むため，頭部が車の進行方向に転倒する。車両は制動しているため，歩行者より短い距離で停止し，歩行者を轢過することはない。

足が垂れ下がった状態で，車両が制動すると足から着地し，足が支点になって回転し，頭部が車両の進行方向に向く。

図12.9　足が垂れ下がった状態で制動

・歩行者と衝突後，しばらく制動しない場合

歩行者は，車両によって運ばれるが，重力によってボンネットの先端から地面にずり落ちてくる。その後，歩行者の足が道路に接触し，足が接地したのち，足から車体底部に引き込まれ，頭部が車両の進行方向に向いて転倒し，車両に轢過されるか，車両が歩行者をまたいだ状態で車底部に巻き込む。

この場合，衝突地点及び衝突速度は，ボンネットの損傷，フロントガラスの損傷，路面に印象された擦過痕，被害者の損傷，着衣の擦過痕及び遺留物などから検討しなければならない。

(2) 低速で衝突した歩行者事故の衝突地点及び衝突速度の解析

図12.10に示すように，低速度の車両が制動しながら，歩行者と衝突した場合，歩行者は，車両の前方に倒れ，車両は転倒した歩行者の直前で停止する。車両は低速であるから，車両のバンパー，フロントグリル，ボンネットなどには，外見上凹損が認められないことがある。

歩行者が，車両にはねられたときの速度 V と飛翔距離 X の関係は，実験式として次式で表せる。ただし，歩行者の重心位置をへその位置とし，歩行者のボンネットの上に倒れ込んだときの重心位置から転倒するまでの重心位置の距離を飛翔距離 X とする。

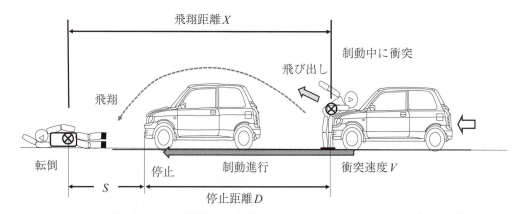

図12.10　低速度の車両が制動中に歩行者と衝突した場合の歩行者及び車両の挙動

$$V=\sqrt{10X} \tag{12.17}$$

この式を X で表すと次式となる。この X は，飛翔開始地点であるが，衝突地点と考えてよい。

$$X = \frac{V^2}{10} \qquad (12.18)$$

次に，車両の衝突速度が V で，車両が停止するまでの距離を D とすると，次式が成り立つ。車両は制動中に衝突したから，歩行者の飛翔開始時の速度と車両の制動時の衝突速度は同一と考える。

$$D = \frac{V^2}{2\mu g} \qquad (12.19)$$

ここで，停止距離 D は衝突地点と考えてよい。

図12.10に示したように，衝突してから停止するまでの距離は，歩行者の方が長い。

ボンネットの歩行者のへその位置から転倒した歩行者のへその位置までの距離を S とすると，S は車両の停止距離 D 及び飛翔距離 X で表すことができる。

$$S = X - D \qquad (12.20)$$

この式を変形して D で表すと次式となる。

$$D = X - S \qquad (12.21)$$

式（12.18）及び式（12.19）において，V は等しいから次式を得る。

$$D = \frac{V^2}{2\mu g} = \frac{5X}{\mu g} \qquad (12.22)$$

ただし，μ はタイヤと路面間の摩擦係数，g は重力加速度（9.8m/s²）である。

式（12.21）及び式（12.22）から，D を消去すると次式を得る。

$$X - S = \frac{5X}{\mu g} \qquad (12.23)$$

この式を X について解くと，飛翔距離が求められる。

$$X = \frac{\mu g S}{\mu g - 5} \qquad (12.24)$$

式（12.24）を式（12.17）に代入すると衝突速度 V が求められる。

$$V = \sqrt{\frac{10\mu g S}{\mu g - 5}} \qquad (12.25)$$

同様に，式（12.22）から，停止距離 D が求められる。

$$D = \frac{5S}{\mu g - 5} \qquad (12.26)$$

さらに，実用的な近似式を与える。制動時のタイヤと路面間の摩擦係数 μ は，低速であるから，ABS 装着の有無にかかわらずおおよそ0.7である。

式（12.24）から，

$$X = \frac{\mu g S}{\mu g - 5} = \frac{0.7 \times 9.8}{0.7 \times 9.8 - 5} \times S = 3.69 S \tag{12.27}$$

である。

式（12.25）から，

$$V = \sqrt{\frac{10 \mu g S}{\mu g - 5}} = \sqrt{\frac{10 \times 0.7 \times 9.8}{0.7 \times 9.8 - 5} \times S} = 6.07 \sqrt{S} \tag{12.28}$$

式（12.26）から，

$$D = \frac{5S}{\mu g - 5} = \frac{5}{0.7 \times 9.8 - 5} \times S = 2.69 S \tag{12.29}$$

式（12.27）及び式（12.28）から，被疑車両の停止した先端地点から被害者の転倒停止地点までの距離 S が大きくなると，被害者の飛翔距離が長くなり，衝突速度が大きくなることが分かる。

よって，図12.11に示すように，S を現場で測定すると，衝突速度及び衝突地点（飛翔距離 X）が求められる。これらの式を「低速時の歩行者事故の公式」と呼ぶことにする。

この式は，現場において極めて有用である。

被疑者がどのような説明をしたとしても，これらの式から事故の全容を簡単に把握できるメリットがある。

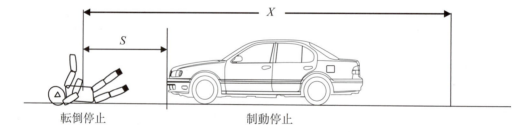

S が分かれば，衝突速度と飛翔距離 X（衝突地点）が分かる。
図 12.11 車両の停止位置前端から歩行者の転倒位置までの距離 S

(3) 低速で衝突した歩行者事故の捜査のポイント

低速で衝突した歩行者事故の捜査のポイントは，停止した車両の前端から歩行者の転倒した重心（へそ）の位置までの距離 S を測定，記録することである。全てを物語るのが，式（12.27）〜式（12.29）である。これらの式を用いることによって，距離 S から飛翔距離 X が導き出せ，衝突速度 V 及び車両の停止距離 D が導き出せる。歩行者の転倒した足や頭部の向きも重要である。ブレーキのタイミングが判明するからである。

次に重要なポイントは，衝突した歩行者とボンネットの突合せである。歩行者は，救急搬送されるから，歩行者の身長などの捜査からボンネットの上の飛び出したときのへその位置と身長を考慮して突き合わせることによって特定することがポイントである。

ほかに，歩行者及び着衣の擦過状況，路面の擦過痕，タイヤ痕，目撃者，衝突音の有無の聞き込みを行うことである．

(4) **事例**

① 事故の状況

被疑車両が，右折中に高齢の歩行者をはねた事例について述べる．右折中であるから，衝突速度は低速である．事故の当日，被疑者は，歩行者と衝突したことを認めていたが，次の日に出頭したときは，「歩行者と衝突していない」と否認した事件である．

図12.12は，事故当日，被疑者が指示説明した実況見分調書の交通事故現場見取図である．被疑者は，②で右方の先の方を見ながら右折を開始し，衝突地点は⊗，被疑車両が停止した地点は④，被害者が転倒した地点は⑦であると指示説明した．

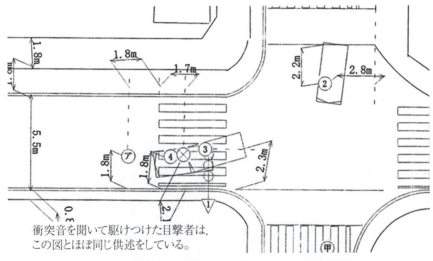

図12.12 事故当日の被疑者の立会いによる現場見取図

図12.13は，約1か月後に行った被疑者立会いの実況見分調書の交通事故現場見取図である．被疑者は，進路の先の方を見ながら右折を開始した地点は②，横断中の相手を発見したのは③地点，そのときの相手は⑦，急ブレーキをかけた地点は③，停止した地点は④，相手が転倒した地点は④であると指示説明し，被疑者の見分は，事故当日のものとは異なったものとなった．

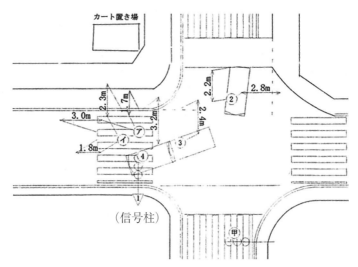

図12.13　1か月後，再見分した被疑者立会いの現場見取図

　問題は，写真12.1に示すように，被疑車両に凹損，落下物などが認められなかったことである。被疑者が強く否認したため，そのような捜査をせざるを得なかったものである。

写真12.1　被疑車両の前面

② 衝突音を聞いた目撃者

　衝突を目撃した人はいなかったが，衝突音を聞いて駆けつけた目撃者がいてくれた。目撃者は，「ドン」という音を聞いて，歩行者が倒れた地点に駆けつけていた。事故直後の被疑車両と被害者の状況は，事故当日の被疑者の指示説明と同一であった。

③ 被害者の状況

　被害者の病名は，右前頭側頭に脳挫傷・外傷性脳内血腫・急性硬膜下血腫，脳てんかんと診断されている。図12.14の被害者の傷害の状況から，左斜め後方から車にはねられ，右肘から落下し，右前頭側頭を道路に打ち付けたと考えられた。

12 歩行者及び自転車事故における衝突地点の推定　173

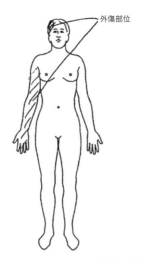

図 12.14　被害者の傷害部位

④　衝突地点と衝突速度の特定

図12.15に，筆者が交通事故現場見取図から測定した，停止した被疑車両前端から転倒した被害者との距離（$S = 1.3\mathrm{m}$）を示す。

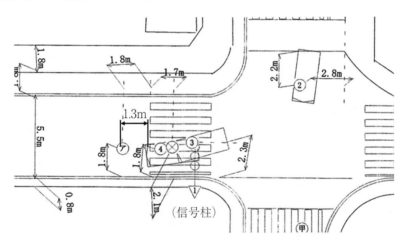

図 12.15　停止した被疑車両前端から転倒した被害者との距離

被疑者は，当日の現場での指示説明及び1か月後の供述においても「急制動して停止した」と述べている。車両が歩行者をはねて，急制動して停止した場合，歩行者を前方に飛翔させる。急制動しているため，歩行者を轢過することなく，倒れた歩行者の手前で停止できる。

目撃者の供述で，「ドン」という大きな音がしたこと，また，被害者のけがの状況から，被害者は被疑車両と衝突して，はね飛ばされて転倒したものと認められた。

そこで，衝突地点及び衝突速度を解析する。

前述したように，被疑車両の前方に被害者が転倒していたことは，重要なポイントである。

被疑車両の前面のボンネットに凹損がなく，被害者が被疑車両の前方にはね飛ばされているから，被疑車両は制動力が作用した状態で衝突してはね飛ばしたと認められる。

衝突地点を⊗地点とし，被疑車両の衝突速度をVとおく。衝突地点から，停止までの距離をDとし，被害者の衝突地点から転倒地点までの飛翔距離をXとする。停止した被疑車両の前端から転倒した被害者の距離をSとする。

図12.16に位置関係を示す。

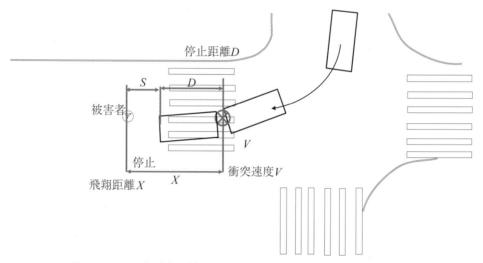

図12.16　衝突地点，被疑車両の停止地点及び被害者の転倒地点

前述したように，歩行者事故の公式を用いる。

用いる式は，次式である。Sは，1.3mと判明しているので，

$X = 3.69S = 3.69 \times 1.3 = 4.8$m

$V = 6.07\sqrt{S} = 6.07 \times \sqrt{1.3} = 6.9$m/s（24.9km/h）

$D = 2.69S = 2.69 \times 1.3 = 3.5$m

と求められ，被害者の転倒停止地点より横断歩道方向に4.8mの地点が，衝突地点であると解析された。

以上の結果を図12.17に示す。ここで，被害者の転倒地点及び被疑車両の停止地点は，事故当日の被疑者の指示説明が最も信用できるとして採用している。それは，目撃者及び救急救命士の目撃や指示とも合致しているからである。

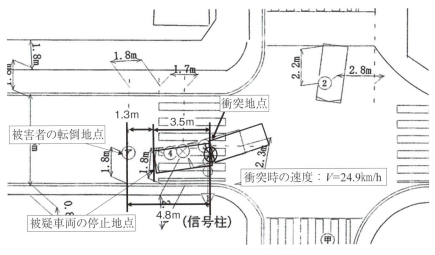

図 12.17 衝突地点の解析結果

12.4 自転車事故における衝突地点の推定方法

　自転車事故の解析も歩行者事故と同様の方法で衝突地点が解析できる[1]。自転車が走行しながら衝突した場合，自転車と自動車の衝突角度や自転車の走行速度が問題になる。つまり，自転車が歩道から急に飛び出したか否か，あるいはどの角度で歩道から飛び出したかが裁判で争点になることが多い。

　自転車と自動車が衝突した場合，自転車乗員が，ボンネットやフロントガラス部から飛翔する。衝突速度が低速の場合，自転車乗員が自動車から離脱する場所が分かりやすいので，飛翔する距離から自動車の速度を求めることは容易である。しかしながら，自動車の速度が速い場合は，自転車乗員が車体から離脱する位置を明確に特定できなければ，理論によって衝突地点を精度よく推定することはできない。

　本章では，自転車の衝突角度を求める方法及び自転車の衝突速度を求める方法などについて述べる。

(1) 衝突角度の見分方法

・自転車事故における衝突状況

　図12.18は，自転車と自動車が直角に衝突した場合の接触瞬間を示している。直角で衝突した場合は，自転車の側面と自動車の前面を突き合わせると，前の籠，ペダル，サドル，スタンド，タイヤ軸など，それぞれの位置が一度の合わせによってぴったり一致するので，直角に衝突したことを明らかにすることができる。

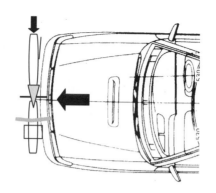

図12.18　自転車と自動車が直角に衝突した例

　図12.19は，自転車と自動車が斜めに衝突した場合の接触瞬間を示している。図12.20は，自転車の後方から斜めに衝突（追突）した例である。このような斜め衝突では，自転車と自動車を突き合わせても，前の籠，ペダル，サドル，スタンド，タイヤ軸など，それぞれの位置が一度にぴったり一致することがなく，それぞれが離れ離れになる。実際に，様々な自転車と自動車の衝突事故において，自転車と自動車の衝突部位の突き合わせにおいて，ぴったり一致することはほとんどない。

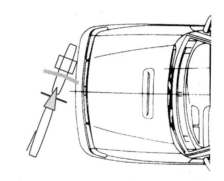

図12.19　自転車と自動車が斜めに衝突した例

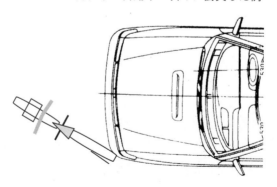

図12.20　後方から斜めに衝突（追突）した例

　図12.21に示すように，斜めに衝突した場合には，まず，最初に接触した部位の痕跡を

固定し，自転車のそのほかの部位の投影が自動車についた衝突痕と一致するまで回転させて，その衝突角度を求めることが見分のポイントである．

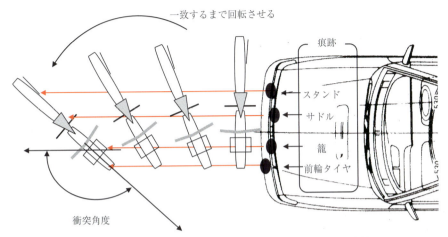

図 12.21 衝突部位の突き合わせと衝突角度の見分方法

(2) 衝突地点の特定

図12.22は，制動などによって自動車の速度が低速であるときの衝突状況を示している．

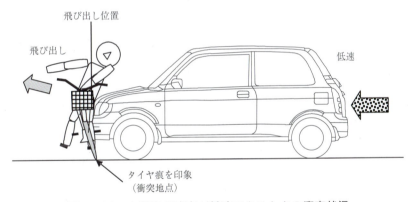

図 12.22 自動車の速度が低速であるときの衝突状況

路面には，自転車のタイヤ痕が印象されるから，衝突地点を特定できると考えられるが，実際の実況見分において，自転車のタイヤ痕を見つけられない場合が多い．

図12.23は，自動車の速度が高速であるときの自転車及び乗員の衝突状況を示している．

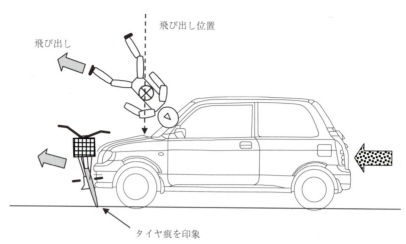

図 12.23　自動車の速度が高速であるときの自転車及び乗員の衝突状況

　図12.23に示した自転車乗員の飛び出し位置は，自転車乗員の重心位置（へその位置）である．したがって，乗員の飛翔距離は，衝突地点の自転車乗員のへその位置から転倒停止した位置までである．自転車の衝突事故を見分する場合は，自動車のボンネットやフロントガラス上の自転車乗員の衝突位置を突き合わせて自転車乗員の重心位置を特定することが見分のポイントである．自転車事故における衝突地点を求める式は，前述の式(12.16)である．

(3)　**自転車事故の解析事例**

①　事故形態

　事故形態は，図12.24に示すように，速度15km/hで走行する自転車と速度45km/hで走行する自動車が衝突した事例である．

12　歩行者及び自転車事故における衝突地点の推定　　179

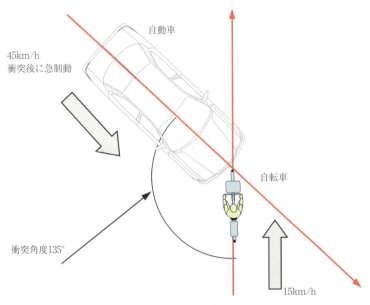

図 12.24　事故形態

② 車両等の諸元

車両及び自転車乗員（ダミー）の諸元は，表12.3に示すとおりである。

表12.3　実験車両及びダミーの諸元

項目	A車	B車
車名	自転車（26インチ）	トヨタ　マーク２
型式	－	E-GX100-ATPQK
質量 [kg]	18	1291
全長 [mm]	1730	4760
車幅 [mm]	53（ハンドル）	1755
オーバーハング [mm]	－	871
乗員	ダミー 　175cm　75kg	なし

③ 衝突前の車両の状況

自動車及び自転車の衝突前の状況は，写真12.2及び写真12.3のとおりである。

写真 12.2　自転車の衝突前の状況

写真 12.3　自動車の衝突前の状況

④　車両の損傷状況

　写真12.4及び写真12.5は，衝突後の自動車の前面バンパー付近及びフロントガラスの損傷状況を示す。前面には自転車のタイヤ痕などが印象され，フロントガラスは，大きく凹損している。これらのことから，自転車の前輪が，自動車の左側バンパーに衝突したことが分かる。また，フロントガラスが蜘蛛の巣状に凹損（陥没まではない）していることから，自転車乗員と自動車の相対的な衝突速度は，60km/h以下であると認められる。

写真 12.4　前面バンパー付近の損傷　　　写真 12.5　フロントガラスの損傷状況

　写真12.6は，自転車の損傷状況を示している。サドルが上向きに変形し，前輪が後輪方向に後退している。

写真 12.6　自転車の損傷

　したがって，自転車の前輪が自動車の前面に衝突し，乗員がフロントガラスに衝突して路上に飛び出したことが推定できる。

　写真12.7は，自動車の前面と自転車の衝突部位の突き合わせから，衝突角度を求めている状況を示す。

写真 12.7　自動車と自転車の衝突部位の突き合わせ状況

写真12.8は，路面に印象された自転車前輪のタイヤ痕を示す。

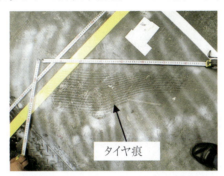

写真 12.8　路面に印象された自転車前輪のタイヤ痕

写真12.9は，衝突後の自転車乗員及び自動車の停止状況を示している。

写真 12.9　衝突後の自転車乗員及び自動車の停止状況

自転車事故における衝突状況を考える。

図12.25は，自転車及び乗員の接触瞬間の例である。

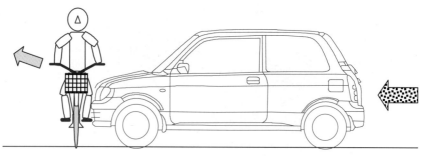

図 12.25　自転車及び乗員の接触瞬間の例

　図12.26は，高速衝突時の自転車及び乗員の状況を示す。自転車事故では，サドルの位置が高いため，歩行者事故よりフロントガラスに到達しやすい。そのため，自転車乗員の重心点を突き合わせによって精度よく測定する必要がある。

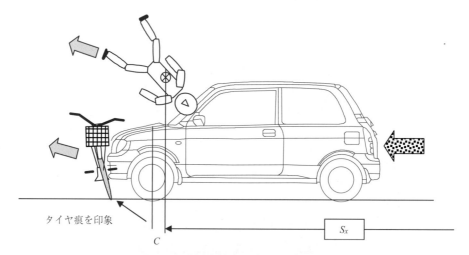

図 12.26　高速衝突時の自転車及び乗員の状況

　写真12.10は，乗員の自動車ボンネット上での突き合わせ状況を示す。Cは，前輪軸から自転車乗員のへその位置までの水平方向の距離を示している。

12　歩行者及び自転車事故における衝突地点の推定　　183

写真 12.10　乗員の自動車ボンネット上での突き合わせ状況

図12.27は，交通事故現場見取図を示している。

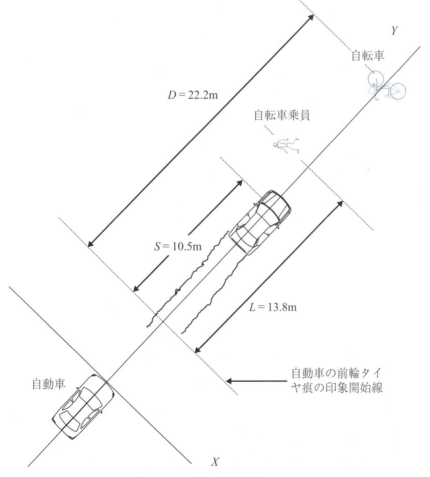

図 12.27　交通事故現場見取図

自動車の前輪のスリップ痕の印象開始地点を原点とし，前輪のスリップ痕の長さSは，

10.5m，自転車乗員の停止位置までの距離 L は，$L = 13.8$m と計測された。衝突角度 θ は，突き合わせから135°であった。

(4) 衝突速度・衝突地点の推定

自動車の制動初速度は，エネルギー保存則から求める。

路面とタイヤ間の摩擦係数を μ（0.8），m を自動車の質量，g を重力加速度（9.8m/s²），S を制動距離（10.5m）とすると，エネルギー保存の法則から次式を得る。

$$v = \sqrt{2\mu g S} \tag{12.30}$$

となる。

よって，自動車の制動開始時の走行速度は，$v = 46.2$km/h（12.8m/s）となる。実験の目標は45km/hであり，ほぼ一致している。

衝突速度と乗員の飛翔距離の関係は，次式で与えられている。

$$V^2 = 10X \tag{12.31}$$

ただし，衝突速度を V，飛翔距離を X とする。

衝突地点の特定は，自動車が制動前に衝突した場合と制動しながら衝突した場合を考える必要がある。

① 制動前に衝突した場合

制動前に衝突した場合は，衝突速度は制動開始速度と等しいので，速度 $v = 12.8$m/s $= V$ を式（12.31）に代入し計算すると $X = 16.5$m となる。よって，図12.28に示すように，自転車乗員が転倒停止した地点から後方に16.5mの地点が衝突地点である。

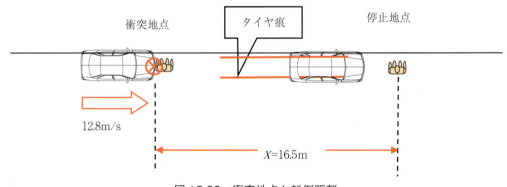

図12.28　衝突地点と転倒距離

② 制動中に衝突した場合

制動中に衝突した場合では，スリップ痕の印象開始地点から S_x の位置が衝突地点とすると，次式で表される（図12.29参照）。

$$S_x = \frac{v^2 + 2\mu g C - 10L}{2\mu g - 10} \tag{12.32}$$

ここで，C は，自動車前輪軸から自転車乗員の重心位置までの水平距離を示している。

式（12.32）に $L = 13.8$，$v = 12.8$m/s，$\mu = 0.8$，$C = 0.5$m，$g = 9.8$m/s² を代入して計算す

ると，$S_x = 5.93$m となる。

飛翔開始地点は，フロントガラスの位置である。

飛翔距離 X は，$X = 13.8 - 5.93 = 7.87$m となり，衝突速度は，$V = 8.87$m/s（31.9km/h）と求められる。

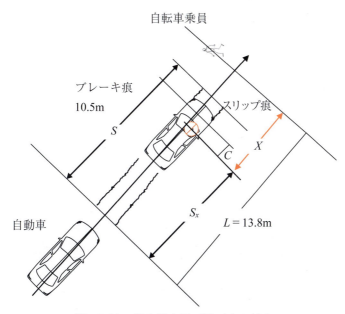

図 12.29　衝突地点及び飛び出し地点

③　自転車の衝突速度

自転車の衝突速度は，最初の衝突地点からフロントガラス衝突地点までの自動車及び自転車乗員の移動距離の比から求めることができる。衝突状況を図12.30に示す。

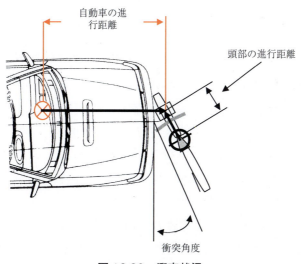

図 12.30　衝突状況

衝突時の状況を復元し突き合わせたところ，自転車乗員の頭部から自動車左側端までの

距離（頭部の進行距離）は，約60cm であった。また，自転車乗員の頭部衝突位置であるフロントガラス下部付近（自動車の進行距離）までは，約170cm であった。このことから，相対的に自転車の速度は自動車の速度の約3分の1で走行していたものと推定され，自動車の速度が46.2km/h の場合，自転車の速度は，約15.4km/h と推定され，実験の条件とほぼ一致している。

本稿では，自転車と自動車の衝突事故の衝突角度及び衝突速度を求めるための実況見分のポイントについて述べた。ここで述べた方法は，裁判で問題になる自転車が道路から飛び出したか否かなどを明らかにできるので有効である。

(5) 自動車に制動痕が認められない場合の自転車事故の解析事例

① 自動車と自転車の衝突地点及び衝突速度の推定の方法

図12.31の衝突状況に示すように，自転車と自転車乗員が路上に転倒停止し，自動車は，急制動して路上に停止していたと考える。

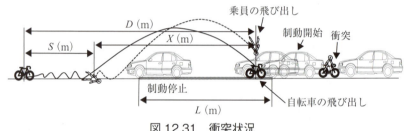

図 12.31　衝突状況

記号 D 及び X は，自動車との衝突地点から自転車及び乗員が飛び出してから停止するまでの距離を示す。

自転車が制動中の自動車の前面に正面衝突した場合，自転車は，変形終了後，飛び出すことになるから，衝突したとしてもすぐに前方に飛び出すことはない。乗員は，自動車に衝突したのち，フロントガラスに移動してから飛び出すから，制動後，若干の時間を要して自動車から飛び出す。したがって，図12.31に示したように，自転車と乗員は，ほぼ同じ地点で飛び出すと仮定できる。自動車が制動しない場合は，自転車と乗員は，しばらく自動車と密着し，すぐに前方に飛び出すことはない。

自転車の飛び出し地点から停止地点までの距離を D(m) とし，飛び出し速度を V_B(m/s) とする。自転車が飛び出したときは，空中を飛翔し，着地して減速して停止するから，自転車が自動車から飛び出した地点から停止するまでの自転車と路面間の見かけの摩擦係数を定義し，その値を μ_B とする。

自転車の飛び出し速度 V_B と停止距離 D の関係は，次式で表される。ただし，g は重力加速度9.8m/s² である。

$$D = \frac{V_B^2}{2\mu_B g} \tag{12.33}$$

乗員の飛び出し速度 V_B と飛翔停止距離 X の関係は，次式で表される。

$$X = \frac{V_B{}^2}{10} \tag{12.34}$$

自転車と乗員の転倒停止地点間距離を $S(\text{m})$ とすると，次式が成り立つ。

$$S = D - X \tag{12.35}$$

式（12.35）に式（12.33）及び式（12.34）を代入すると次式となる。

$$S = D - X = \frac{V_B{}^2}{2\mu_B g} - \frac{V_B{}^2}{10} \tag{12.36}$$

式（12.36）において，S が測定できる距離であるから，次式によって飛び出し速度 V_B が求められる。

$$10V_B{}^2 - 2\mu_B g V_B{}^2 = 20\mu_B g S$$

$$(5 - \mu_B g) V_B{}^2 = 10\mu_B g S$$

$$V_B = \sqrt{\frac{10\mu_B g S}{5 - \mu_B g}} \tag{12.37}$$

飛び出し速度が求められると式（12.34）から，飛翔距離が求められる。

$$X = \frac{V_B{}^2}{10} = \frac{10\mu_B g S}{10(5 - \mu_B g)}$$

$$X = \frac{\mu_B g S}{5 - \mu_B g} \tag{12.38}$$

次に，歩行者事故の衝突地点の解析で示したように，自動車の停止位置と乗員の飛翔停止位置間との距離 R から衝突地点を導くことができる。

スリップ痕の長さを L，自動車のタイヤと路面間の摩擦係数を μ とすると，次式のように制動初速度 V が求められる。

$$L = \frac{V^2}{2\mu g} \tag{12.39}$$

乗員の飛び出し速度 V_B と飛翔停止距離 X の関係は，次式で表される。

$$X = \frac{V_B{}^2}{10} \tag{12.40}$$

ここで，自転車と乗員の衝突は，自動車の前端で起こるが，一般的に乗員の実際の飛び出しは，フロントガラスからである。自動車の前端から乗員が飛び出すフロントガラスまでの距離を約1m とすると，自動車は制動して1m 進むから速度が若干減速して V_B となったと仮定する。

図12.32にスリップ痕と印象開始地点と飛び出し位置を示す。

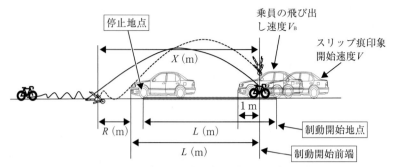

図12.32 スリップ痕と印象開始地点と飛び出し位置

よって，式（12.39）は，次式のように書き換えられる。

$$L - 1 = \frac{V_B^2}{2\mu g} \tag{12.41}$$

自動車と乗員の転倒停止地点間距離を $R(\mathrm{m})$ とすると，次式が成り立つ。

$$R = X - (L - 1) \tag{12.42}$$

式（12.42）に式（12.40）及び式（12.41）を代入すると次式となる。

$$R = X - (L - 1) = \frac{V_B^2}{10} - \frac{V_B^2}{2\mu g} \tag{12.43}$$

式（12.43）において，R が測定できる距離であるから，次式によって飛び出し速度 V_B が求められる。

$$2\mu g V_B^2 - 10 V_B^2 = 20\mu g R$$

$$(\mu g - 5) V_B^2 = 10\mu g R$$

$$V_B = \sqrt{\frac{10\mu g R}{\mu g - 5}} \tag{12.44}$$

飛び出し速度 V_B が求められると式（12.40）から，飛翔距離 X が求められる。

$$X = \frac{V_B^2}{10} - \frac{10\mu g R}{10(\mu g - 5)}$$

$$X = \frac{\mu g R}{\mu g - 5} \tag{12.45}$$

衝突地点は，得られた X m に 1 m 加えた地点となる。

② 解析の有効性の確認

　ア　衝突形態

　マイクロバスと自転車の衝突実験を解析使用例として紹介する。これは，平成30年度に実施した警視庁の衝突実験である。マイクロバスを約45km/hで直進させ，ダミー人形を乗車させた停止中の自転車と衝突させたものである。

　図12.33の衝突形態に示すように，マイクロバスの前部中央に自転車の前輪が45°の

角度で衝突するように，配置した。

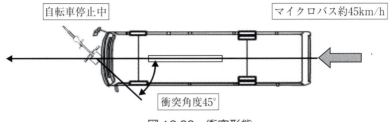

図 12.33　衝突形態

表12.4に，試験に用いた車両の諸元（実測値はダミー人形及び計測資器材の重量を含む。）を示す。

表 12.4　試験に用いた車両の諸元

項　目	A車	B車
車　名	ニッサン　シビリアン	自転車
型　式	KK-BHW41	軽快車
実測車両重量	3,874kg	21kg
全　長	6,990mm	1,815mm
車　幅	2,060mm	540mm
輪間距離	前1,625mm　　後1,490mm	
フロントオーバーハング	1,180mm	340mm
ホイールベース	3,690mm	1,100mm
タイヤサイズ	205/80　R17.5	26インチ
ダミー人形	大人3体，子供1体	1体（78kg）

イ　衝突前の状況

マイクロバスの衝突前の状況を写真12.11に示し，自転車とダミー人形の状況を写真12.12に示す。

写真 12.11　マイクロバスの前面の状況　　写真 12.12　自転車とダミー人形の状況

ウ　衝突前の突き合わせの状況

写真12.13は，衝突前にマイクロバスと自転車を突き合わせたものである。

エ　衝突時の状況

写真12.14は，マイクロバスと自転車の衝突状況を示す。

本実験では，マイクロバスは衝突後，制動が開始された。写真12.14に示されるように，制動が開始されるまでは，自転車及びダミー人形は，マイクロバスの前面から飛び出さない。

オ　衝突後の路面痕跡及び各停止地点の状況

図12.34は，路面痕跡及び各停止地点を示したものである。衝突地点からの距離が記載されている。マイクロバスは，強い制動がなく，スリップ痕を印象しないで停止した。

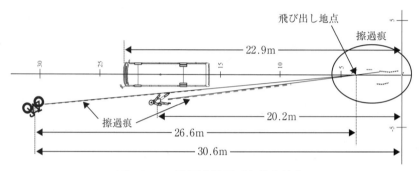

図12.34　路面痕跡及び各停止地点

衝突地点及び飛び出し地点を，式（12.37）及び式（12.38）を用いて解析する。自転車とダミー人形の停止地点間の距離 S は，$S = 30.6\text{m} - 20.2\text{m} = 10.4\text{m}$ である。

解析するに当たって，自転車の飛び出し地点からの見かけの摩擦係数 μ_B を定める必要がある。筆者の多数の衝突実験から，μ_B の数値は，ほぼ0.3であった。本実験においても，自転車は，飛び出し地点から停止までの距離は，約26.6m で，飛び出し速度が45km/h（12.5m/s）とすると，自転車の見かけの摩擦係数 μ_B は，次式で求められる。

$$\mu_B = \frac{V_B^2}{2gd} = \frac{12.5^2}{2 \times 9.8 \times 26.6} = 0.3 \tag{12.46}$$

よって，飛び出し地点から停止までの自転車の見かけの摩擦係数 μ_B は，約0.3と考えることが妥当である。

S 及び μ_B の値を式（12.37）に代入して，飛び出し速度 V_B を求める。

$$V_B = \sqrt{\frac{10\mu_B g S}{5 - \mu_B g}} = \sqrt{\frac{10 \times 0.3 \times 9.8 \times 10.4}{5 - 0.3 \times 9.8}} = \sqrt{\frac{305.76}{2.06}}$$

よって，

$V_B = 12.18\text{m/s}（43.8\text{km/h}）$

を得る。

S 及び μ_B の値を式（12.38）に代入して，ダミー人形の飛翔距離 X を求める。

12 歩行者及び自転車事故における衝突地点の推定 191

写真 12.13　衝突前の突き合わせ状況

写真 12.14　マイクロバスと自転車の衝突状況

$$X = \frac{\mu_B g S}{5 - \mu_B g} = \frac{0.3 \times 9.8 \times 10.4}{5 - 0.3 \times 9.8} = \frac{30.58}{2.06}$$

　よって,

$X = 14.8\text{m}$

を得る。

　したがって, 衝突地点は, ダミー人形の停止地点から14.8m戻った地点が飛び出し地点となる。

　本実験の衝突速度は, 約45.0km/h, ダミー人形の飛び出し距離は, 16.2m であるから, 速度の誤差は −1.2km/h, 飛び出し距離の誤差は −1.4m であり, 解析の有効性が認められる。

　S が測定できる場合は, 式（12.37）及び式（12.38）において, $\mu_B = 0.3$, $g = 9.8\text{m/s}^2$ と置くと, 事故現場において簡便な次式を用いることができる。

$V_B = 3.78\sqrt{S}\,(\text{m/s})$ (12.47)

$X = 1.43S\,(\text{m})$ (12.48)

$D = 2.43S\,(\text{m})$ (12.49)

　停止した車両の前端から自転車乗員の停止地点までの距離 R が測定できる場合は, 簡便な次式を用いることができる。

$V_B = 6.07\sqrt{R}$ (12.50)

$X = 3.69R$ (12.51)

　なお, 衝突地点は, 自動車の制動のタイヤ痕が路面に印象されて, 制動中に衝突していれば, 式（12.48）に1m加えた地点である。いつ制動したか分からない場合は, 式（12.48）及び式（12.49）より手前の地点が衝突地点となる。この式を用いれば, 事故現場で路面の痕跡の捜査などを絞り込むことができる。

カ　マイクロバスと自転車及びダミー人形の衝突部位の突合せ

　写真12.15は, 衝突部位の突合せ状況を示す。マイクロバスと自転車のそれぞれの痕跡を対応させると, 自転車は前部を左方へ押し出されながら, 前かご右側, 右ペダル, 後部荷台右側ステーがマイクロバスのフロントバンパーと衝突していた。

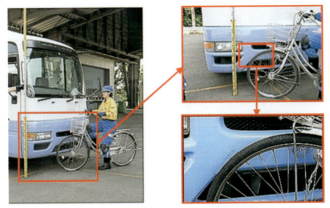

写真 12.15　衝突部位の突き合わせ状況

キ　衝突角度の推定

図12.35に示すように，自動車と自転車が斜めに衝突した場合，自転車が最初に衝突した部位の痕跡を固定して，自転車のそのほかの部位の投影が自動車の衝突痕と一致するまで回転させることによって，衝突角度を求めることができる。最初に衝突した，自転車前輪をマイクロバスのフロントバンパーのタイヤ痕を固定し，自転車の前かご右側，右ペダル，後部荷台右側ステーの衝突位置が一致するように自転車を回転させると，衝突角度の約45°が求められた。

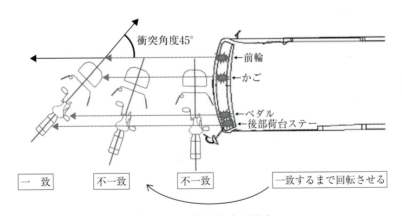

図 12.35　衝突角度の推定

③　解析の使用例

図12.36は，交通事故現場見取図を示している。自転車及び被害者が転倒停止している。衝突した自動車は，現場から離れた位置に停止していた。

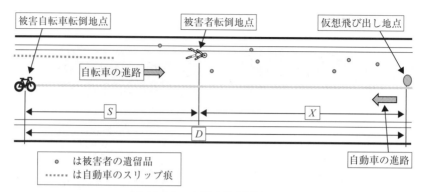

図12.36 交通事故現場見取図

このような衝突事故においては，どちらがセンターラインを越えて衝突したかが問題になる。被害者は，被疑車両の進路右に飛翔停止し，散乱物も右に向かっていることから，被疑車両が対向車線に向かったことが強く推認される。

被疑車両の前面は損傷が大きく，フロントガラスが陥没，フロントガラスのルーフから後方に被害者の擦過痕が認められる状況であった。このことから，乗員を追い越して進行したと認められ，被疑車両は，大きく加速した状態で自転車及び自転車乗員と衝突したと認められた。加速して衝突すると，被害者がルーフに擦過痕を印象させて自動車の進路方向に飛び出す。したがって，解析で求められる X の距離に1m加えた地点が衝突地点と推定できる。

現場において，直感的に飛び出し地点や衝突地点を推定することは困難である。そこで，式（12.47），（12.48）及び（12.49）を用いて，現場で簡単に飛び出し地点や衝突地点を推定してみる。

現場の状況は，被害者が縁石の横に横たわっており，縁石によって若干移動が妨げられた可能性があることに注意が必要であった。ここで，S は，20mであった。よって，簡便な式（12.47），（12.48）及び（12.49）から，自転車の飛び出し地点及び衝突地点を導くこととする。計算により各数値が求められた。

$V_B = 3.78\sqrt{S} = 3.78\sqrt{20} = 16.9\text{m/s}(60.8\text{km/h})$

$X = 1.43S = 1.43 \times 20 = 28.6\text{m}$

$D = 2.43S = 2.43 \times 20 = 48.6\text{m}$

この結果から，被疑車両の衝突時の速度が近似的に求められ，衝突地点もどの辺りか判明できる。衝突後の被疑車両のスリップ痕から，被疑車両の進路は右に向かっていることは明らかで，被疑車両がセンターラインを越えて自転車と衝突したことが容易に推察できる。また，大きな加速状態であったと推察できるから，被疑車両がセンターラインを越えて前の車両を追い越したときに，衝突したことが強く推認される。

被害者は，縁石に衝突して停止した影響を考察する。被害者は，さらに飛翔移動する

ことになるから，S は小さい値となる。S が小さい値になると，飛翔距離も衝突速度も小さくなるから，痕跡の状況から被疑車両が被害車両の車線で衝突したことがより明確にできる。

このように，簡便な式を用いることによって，自転車及び被害者の飛び出し地点及び衝突地点が推定でき，捜査の指針を明確にできる利点がある。

●12.5 歩行者事故及び自転車事故の見分のポイント

最後に，歩行者事故及び自転車事故における見分のポイントをまとめる。衝突地点や衝突速度を推定するために以下の点を捜査することである。

① 衝突角度，進行方向を捜査する。

② 衝突地点の路面には，歩行者の靴の滑り痕，及び自転車のタイヤ痕が印象されているので，痕跡を捜査する。

③ 被害者の転倒落下した路面には，被害者の衣服，皮膚などの擦過痕が印象されている。さらに自転車に転倒擦過痕が印象されているので，痕跡を捜査する。

④ 被害者の衣服や自転車には，路面との擦過痕が印象されているので，捜査する。

⑤ 衝突物（被害者と車両，自転車と車両など）の突き合わせを行う。

⑥ 擦過痕の突き合わせを行う。

⑦ 被害者の外傷の状況を調べる。

⑧ 被疑車両のタイヤ痕を捜査する。

⑨ ブレーキ音や人との衝突音の聞き込みを行う。

本理論により，衝突地点が明確になれば，より掘り下げた事件の考察が可能であり，運転者の一方向からの供述だけであったこれまでとは大きく異なる。また，運転者や遺族に対しても事故について説明ができるものと考える。

この考え方は，自転車の真横に自動車の前面が衝突した場合にも適用できるものである。

【参考文献】

1) 山崎俊一「走行する自転車と自動車事故の見分要領」月刊交通・pp.75-84（2008年10月号）

13 ひき逃げ事件捜査とタイヤ痕

　近年，酒酔い運転や異常な速度超過による悪質な交通事故に対して，重罰化を望む声が大きくなり，法律を改正するに至った。しかしながら，悪質なひき逃げ事件は後を絶たない。ひき逃げ事件は，事故後，酒を飲んでいるため逃走するケースが多く，逃走することによって，後に犯人が発見されても，飲酒量を明確にできないため，重罰に処することができないことも多い。また，事故当時には認めていても，後日になって，証言を翻すケースが増加している。したがって，いかなる場合も，交通事故の捜査を十分行っておくことが重要である。

　さらに，ひき逃げ事件に多く見られるのは，寝ている人を轢過したとき，人と認識しなかったというケースである。ひどいものでは，フロントガラスがひび割れていても分からなかったというケースや，頭がフロントガラスを打ち破って運転席近くに入っても分からなかったというケースまである。

　また，路上に寝込んだ人を轢過した事件では，車輪で人を轢過し，車底部で数メートル引きずっても気が付かなかったというケースがある。車底部に巻き込んで引きずったにもかかわらず気が付かなかったというが，小粒の小石でも車底部に接触すると認識できることから，この主張は信用できない。

　ひき逃げ事件において，現場痕跡の採取は重要なもので，タイヤ痕，擦過痕，生地痕を丁寧に採取し，写真撮影することが最も重要である。そこで，本章では，タイヤ痕，生地痕，擦過痕とひき逃げ事件捜査について述べる。

● 13.1　タイヤ痕

　轢過事件では，被害者の衣服にタイヤ痕が印象されることが多い。タイヤ痕としては，タイヤトレッド部（地面と接触する踏面部）やサイドウォール部（タイヤの側面部）である。肉眼で見えない場合があるので，赤外線フィルムで撮影することが重要である。

　図13.1は，タイヤトレッドの模様を示している。人体をタイヤトレッドが通過すれば，模様が印象される。黒っぽい着衣の場合は，赤外線フィルムで写真撮影すればタイヤのトレッド模様が映し出されることがあるので，赤外線フィルムで写真を撮ることが重要である。しかしながら，実験などでダミーを轢過してもタイヤトレッド痕が印象されないこともあるので，トレッド痕跡が出ないからといって轢過していないということにはならないことに注意が必要である。タイヤ痕が印象されないケースとしては，コンクリート表面のセメントの粉などがタイヤトレッドについたような場合がある。

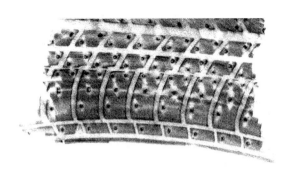

図13.1 タイヤトレッドの模様の一例

　図13.2は，タイヤのサイドウォール（側壁）の文字を示している。タイヤの側面部には，タイヤのサイズなどを示す数字や，メーカー名を示す英文字が記載されている。これらの文字の大きさは，サイズごとに異なるので，文字の大きさが被害者の着衣に印象された文字と一致すれば，容疑車両と考えて捜査することができる。

図13.2 タイヤのサイドウォールに描かれているメーカーの一例

　高速で走行するタイヤでは，タイヤのサイドウォール（側壁）に書かれている文字が印で捺したように明確に印書されないという懸念を持たれる場合があるが，実際には，きれいに印書されるので，捜査することが重要である。例えば，速度60km/h（16.7m/s）で走行する車両のタイヤは，タイヤの直径を0.6mとすると，1回転するのに，0.11秒であり，1秒間に8.9回転もする速度である。しかしながら，擦れずにタイヤのサイドウォールの文字が崩れずに印象される。瞬間的に接触して離れているのであって，こすっていないのである。回転しているタイヤの方が明確にタイヤのサイドウォールの文字を印象できる。着衣に印象されたタイヤの文字などを見分する要領は，その痕跡が人為的な曲線や直線であるかどうかに注目すれば容易に見いだすことができる。

　痕跡として文字を一つ完全な形で探し出す必要はない。文字の一部分を見いだすことでも十分な証拠になる。タイヤは，何万本も売られているが，そのサイズの車両がこの時間に通過するのは，多くはない。また，サイズが異なれば，文字の大きさも異なる。図13.3及び図13.4にタイヤのサイドウォールの文字とシャツに印象された文字を示す。

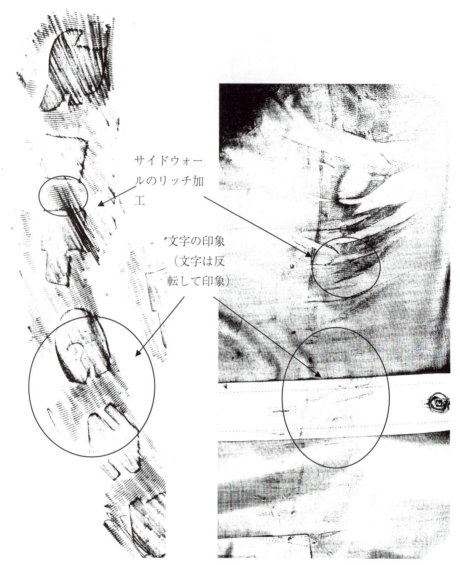

図13.3　タイヤのサイドウォールの文字　　図13.4　ワイシャツの痕跡

13.2　生地痕及び払拭痕

　写真13.1は，タイヤのサイドウォールに印象された生地痕（布目痕）を示している。轢過した場合は，タイヤにも生地痕が印象される。したがって，この部分の痕跡が，着衣にも印象されているから，両者を突き合わせて確認することが捜査のポイントである。これらの捜査は，指紋や足跡を照合することと同じである。

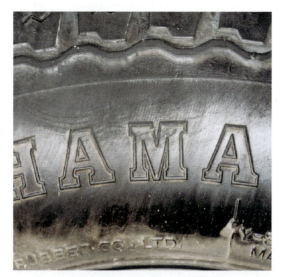

写真 13.1　タイヤのサイドウォールに印象された生地痕

写真13.2は，車底部のパイプに印象された生地痕を示している。

写真 13.2　車底部のパイプに印象された生地痕

写真13.3は，燃料タンクに印象された生地痕を示している。

写真 13.3　燃料タンクに印象された生地痕

　写真13.4は，車底部に印象された生地痕の突き合わせ状況を示す。車底部に印象された生地痕や払拭痕は，被害者の着衣とすべて突き合わせることが重要である。

写真 13.4　車底部の生地痕と被害者の着衣の突き合わせ状況

● 13.3　赤外線フィルム及びブラックライトを用いた捜査

　被害者の着衣に印象されたタイヤ痕跡は，赤外線フィルムによる撮影によって，痕跡を撮影することができる。撮影した写真は，原寸大にして，タイヤの文字と照合する。

　繊維に白色，黄色，青色などの蛍光塗料を用いた着衣においては，ブラックライトを当てることによって，痕跡が光って際立つため，痕跡を発見するのに役立つ。ブラックライトは，ワイシャツなどで蛍光塗料を用いた着衣が轢過された場合の車底部や路面上の生地痕を探索するのに有効である。

　写真13.5は，地面にこすられたワイシャツの生地痕にブラックライトを当てた状況を示す。この写真から，蛍光塗料が用いられた着衣は，ブラックライトによって光って，痕跡を見いだすのに役立つことが分かる。

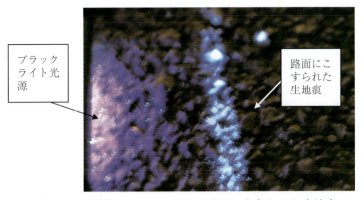

写真 13.5　ブラックライトによる路面に印象された生地痕

　ブラックライトは，輝度が高いものより，小型の携帯用のブラックライトの明かりがよい。写真13.6は，ブラックライトを示す。

写真 13.6　ブラックライト

　特に，夜間，轢過された位置の特定や人が飛翔して地面に着地した擦過痕を見いだすのに有効である。

　さらに，車底部の生地痕を探すことやバイクのシートの生地痕ほか，接触した生地痕を見いだすには便利である。写真13.7は，バイクのシートに印象された生地痕にブラックライトを当てた状況を示している。

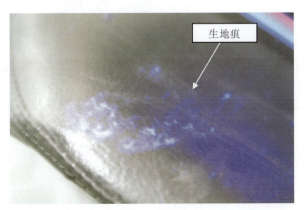

写真 13.7　ブラックライトを当てたバイクのシート

人が自動車に衝突したときにも，生地痕が車体表面に印象され，二輪車の運転手特定や，歩行者の衝突部位の特定など重要な証拠になる。また，車内の生地痕も運転者特定に役立つので十分観察することが重要である。

13.4 擦過痕

擦過痕は，交通事故においては，様々な場所に印象される。特に，衝突地点を特定するために，擦過痕は重要である。自動車同士の衝突におけるタイヤ痕の擦過の屈曲，歩行者事故における歩行者の靴の路面への擦過痕，自転車事故の場合の自転車のタイヤの擦過痕などによって衝突地点が特定できる。また，擦過の方向により飛翔開始方向や擦過方向から衝突地点の推定ができる場合がある。

13.5 轢過の形態

轢過された人体の動きを調査することは重要である。轢過された位置によって，人体の移動が分かる。轢過された人体の移動を知れば，車底部に印象された痕跡を探すことも容易にできる。

轢過された場合の人体の回転は，人体がサイドシルに接触したことによる。斜めに轢過された場合は，回転しない。

写真13.8及び写真13.9は，ダミーを轢過したときの回転状況を示す。

写真 13.8　轢過始めの状況

写真 13.9　前輪が通過後回転を始めた状況

前輪が通過したときにダミーが持ち上がり，サイドシルがダミーと接触することにより，回転する。

写真13.10及び写真13.11は，ダミーの腰に近い胴体を轢過した状況を示したものである。本実験は，速度40km/hで轢過したものである。人のへそより下が轢過された場合は，そ

の下半身が車両の方向に引きずられ，その後，斜めになった足の部分を後輪が轢過する。轢過されたときの人体の移動を知ることによって，車底部の見分が容易になり，被疑車両の特定や多重轢過の有無などが容易に捜査できる。

また，写真で見られるように，轢過した場合，前輪が浮いており，強い衝撃があることが分かる。本実験から，人の膝から頭部を轢過した場合，車内には強い突き上げがくること，また，大きな音が発生することから，乗員は大きなものと衝突したことが認識できる。

写真 13.10　後輪に轢過されたダミーと車体前部の突き上げ状況

写真 13.11　後輪に轢過された後のダミーと車体後部の突き上げ状況

次に図13.5に示すように，轢過された位置によって，人体の移動が異なり，前輪通過後に後輪がどこを通過するかを推定することができる。

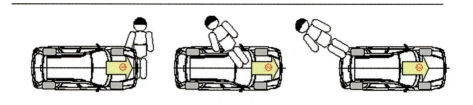

図13.5 轢過された人体の挙動

　へそを重心として，轢過された位置によって回転移動方向が変化する。へそより上が轢過されれば，頭部が轢過車両の進行方向に移動する。逆に，足が轢過された場合は，足が轢過車両の進行方向に移動する。

　このような動きを知ったうえで，車底部の接触痕と着衣，人体損傷などを照合すれば，多重轢過か否かなどの捜査が容易になる。

　ひき逃げ事件では，酒が醒めた頃に出頭するなど，悪質な場合もある。これまでの裁判においても，轢過の認識が人によって異なるなどとして無罪になることもあった。

　表13.1に，道路の維持修繕要否判断の目標値を示す。

　道路舗装の維持管理は，基準に基づいて行われているもので，轍深さ，ひび割れ，段差などの補修基準がある。段差に至っては，乗り心地のクレームになることから，一般道で3cmもできれば，修繕する決まりになっている。人の胸の厚さは，25cm以上あることから，けた違いの高さであり，轢過したときに分からないはずがない。

表13.1 維持修繕要否判断の目標値

道路の種類	わだち掘れ及びラベリング (mm)	段差(mm) 橋	段差(mm) 管渠	すべり摩擦係数	縦断方向の凹凸 (mm)	ひびわれ率 (%)	ポットホール径 (cm)
自動車専用道路	25	20	30	0.25	8mプロフィル 90（PrI）／3mプロフィル 3.5（σ）	20	20
交通量の多い一般道路	30〜40	30	40	0.25	3mプロフィル 4.0〜5.0（σ）	30〜40	20
交通量の少ない一般道路	40	30	—	—	—	40〜50	20

● 13.6 ひき逃げ事件解明事例〈高速道における接触横転事故〉

(1) 事故の概要

　事件は，午前１時ごろ，被疑車両（普通乗用自動車）が高速道路上で５名が乗車したワンボックスカーと接触し，ワンボックスカーを横転させ，同車の後部座席に同乗していた女性１名を脳挫傷等で死亡させたほか，他の３名に打撲等の傷害を与えたというものである。被疑車両は，第１車線を走行し，被害車両が第２車線を走行していたところに接触したもので，被疑車両と被害車両の接触は，強いものではなかったが，接触された被害車両の運転手を慌てさせるには，十分なものであった。被害車両の運転手は予期せぬ出来事に急ハンドルの操作を余儀なくされ，事故に至ったものである。被疑車両は，被害車両のワンボックスカーが横転したのをミラーで確認したにもかかわらず，救護等の措置を講ずることなくその場から逃走した。

　図13.6に，事故現場の状況と痕跡から認められる車両挙動を示す。

(2) 警察の捜査

　高速道路の料金所のビデオなどから，被疑車両を割り出すことはそう難しいことではない。しかし，接触痕を捜査し，接触痕をたとえ発見したとしても被疑者が接触したという認識があったかどうかを認定することは難しい。

　捜査の手順は，以下のようである。

① 　タイヤ痕，横転の擦過痕から，接触時の走行状態を推定する。

② 　２台の車体損傷と接触の痕跡を捜査する。

③ 　痕跡の発見後，両者の突き合わせを行う。

④ 　接触の強さについて推定し，被疑者が接触を認定できたか否かを調査する。

　この事件は，被害車両が転覆横転し，接触したと推定される部位が路面と擦過し，かつ，ガードレールと衝突したため，その痕跡を見極めることは非常に困難であった。科学捜査研究所では，被害車両に残された左バンパー側面部のタイヤ痕様のものを採取し，被疑車両のタイヤ成分と比較するなど，様々な鑑定を実施したが，接触の有力な物的証拠を見いだすことはできなかった。

　被疑者は，任意の尋問に対して接触はなかったと主張し，警察は接触の物的証拠を示すことができず，捜査は行き詰まった。

(3) 捜査手順に従った捜査経過

　捜査が行き詰まったため，筆者に捜査の協力の依頼があった。事故現場の見分と車両の見分を行い，前述の捜査手順に従って，捜査を行った。

　被疑者逮捕のための重要なポイントは，

　　「事故前後の挙動の推定，接触の有無及び部位，接触時の状況，接触地点の推定，接

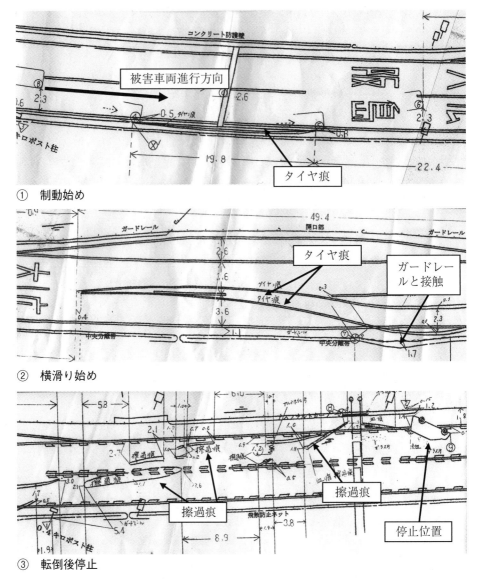

図13.6 事故現場の状況

触時の推定速度,接触の認識の有無等」

であった。

捜査の手順に従って捜査した結果について以下に示す。

① タイヤ痕,横転の擦過痕から,接触時の走行状態を推定する。

　図13.6に示された路面上のタイヤ痕,擦過痕と被害車両の損傷状況から,走行状態を把握する。事故直後の挙動は,路面に印象されたタイヤ痕及び擦過痕から推定できる。

　被害車両は,被疑車両と接触した後,中央分離帯に沿って制動しながら進行したと見られる痕跡が認められる。写真13.12及び写真13.13は,被害車両が中央分離帯付近に印象させたタイヤ痕を示している。この写真の矢印方向が,被害車両の進行方向である。

このようなタイヤ痕は ABS 装着車の急制動の痕跡である。自由転動で乗り上げても，このようなトレッドの模様が強く印象されることはなく，ABS を作動させた制動痕と認められた。

写真 13.12 被害車両のタイヤ痕の印象始め

写真 13.13 橋のジョイント部の鉄板に印象された ABS 装着車の制動タイヤ痕

被害車両は衝突を避けようとして，ハンドルを左に転把した後，今度はハンドルを右に急転把して，車体が反対方向に急激に飛び出したため，さらに急ハンドルで再び右にハンドルを転把したことによって車両がスピンし，中央分離帯のガードレールに車体先端が衝突し，転覆横転した。その後路面を滑走しながら左ガードレールに衝突して回転して停止したものであることが痕跡から読み取ることができる。

図13.7は，被害車両の接触直後のタイヤ制動痕から推定される車両挙動である。タイヤの痕跡から，被害車両は，図13.7に示したように制動痕を印象させて中央分離帯への衝突をハンドルで回避しながら走行し，自車線に戻っている。

図13.8は，被害車両が右に大きくハンドル操作した後，後輪が横滑りし始め，スピンを開始した状況を示す。被害車両は，横滑りしたため車両のコントロールを失い，中央分離帯のガードレールに前面を衝突させ，時計回りに回転した。

図13.9は，被害車両が時計回りに回転しながら横滑りし，その前面がガードレールに衝突した後，左側面を下にして，転倒擦過した状況を示す。

図13.10に示したように，路面上の痕跡と車両の痕跡から事故車両の挙動を明確にすることができるのである．

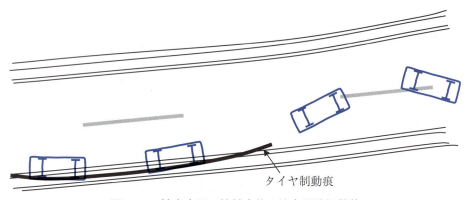

図13.7　被害車両の接触直後の衝突回避行挙動

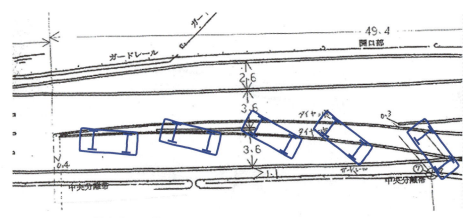

図13.8　被害車両が横滑りし，中央分離帯のガードレールに衝突した状況

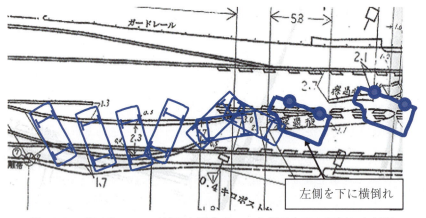

図13.9　ガードレールに前面を衝突させ，左側面を下に転倒した状況

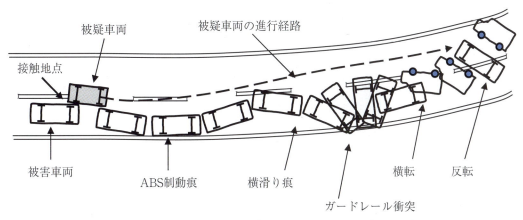

図13.10　事故現場の状況（痕跡から認められた車両挙動）

② 2台の車体損傷と接触の痕跡を捜査する。

　車両の見分は，走行状況及び衝突状況の推定をもとに行う。つまり，当たりをつけずに捜査しても見つけることが難しくなるため，走行状況と接触状況を推定し，どの辺が接触したのか見当をつけることによって，その部分を見いだすことが容易になる。

　図13.11に図化したフロントバンパー左側面部を示す。次頁の写真13.14は，被害車両のフロントバンパー左側面部に印象された痕跡を示す。この部位には，赤い丸で囲んで示したように，黒いタイヤ痕様のものが印象されているのが認められた。写真に示した記号B及びCの部分は，タイヤの前の部分の回転によって印象された痕跡で，記号Aの部分は，タイヤの後ろの部分の回転によって印象されたものであると推定された。

　タイヤ痕B及びCは，回転時にタイヤがこすれたことによってタイヤの模様が流れている。タイヤ痕Aについては，タイヤサイドウォールの文字部に見られる細かい線条の模様と認められた。

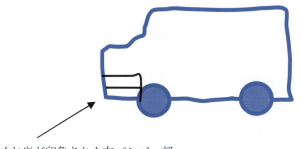

図13.11　タイヤ痕が印象されたフロントバンパー左側面部

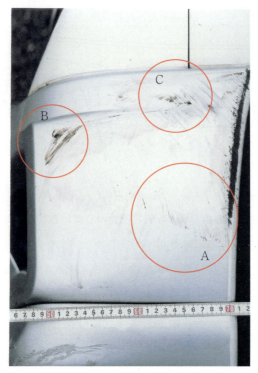

写真 13.14　被害車両のフロントバンパー左側面に印象されたタイヤ痕

　このバンパーに印象されたタイヤ痕を被疑車両のタイヤと比較し，一致した場合は，被疑車両が被害車両に接触したという物的証拠になる．

　その検証方法は，以下のとおりである．

1) 写真13.14を原寸大にプリントする．
2) 被疑車両のタイヤのサイドウォールの文字を塩ビシートに転写し，コピーする．このとき，OHP用紙にコピーする．
3) 原寸大の写真とタイヤの模様をコピーしたOHP用紙を重ねて一致する箇所を全周にわたって探す．

　図13.12は，被疑車両に装着された右後輪タイヤサイドウォールの表面を塩ビシートに転写採取したものをコピーしたものである．タイヤサイドウォールには，線条の模様が2種類あることが分かる．線条ピッチは，文字内部と文字外部で異なり，文字外部の線条ピッチの間隔は1.0mmで，文字内部の線条ピッチは1.3mmと間隔が広いことが判明した．

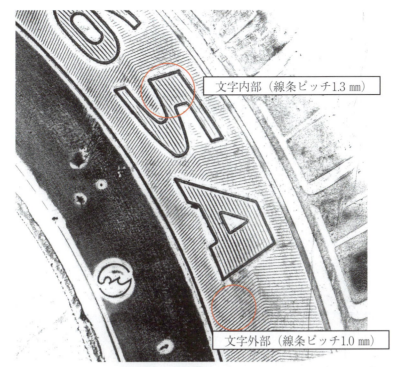

図 13.12 被疑車両の右後輪タイヤサイドウォールの文字

③ 痕跡の発見後，両者の突き合わせを行う。

写真13.15は，被害車両のフロントバンパー左側面部に印象された線条タイヤ痕を示している。このタイヤ痕の線条ピッチは，1.3mmであり，被疑車両に装着されたタイヤサイドウォールの文字内部の線条ピッチと一致した。

被害車両のフロントバンパー左側面部に印象された線条タイヤ痕と被疑車両の右後輪タイヤサイドウォールの文字の線条痕を重ね合わせた結果，ぴったり一致する部分があることが確認できた。さらに，サイドウォール部表面には成型時にゴムの空気抜けのためのゴムのひげができるが，そのひげが回転して印象した円状の線条痕も一致することが認められた。これらの接触痕は，図13.13に示すように，後輪タイヤの後ろ部分が回転して印象させたものと認められた。

一般的に，フロントバンパーの左側面にタイヤ痕が印象されることは，衝突のような事故以外に起こり得ない。よって，両当事車両が接触したという物的証拠が見いだされた。

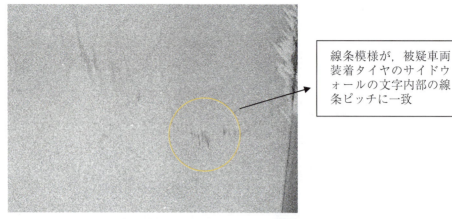

写真 13.15　被害車両のフロントバンパー左側面に印象されたタイヤ線条痕

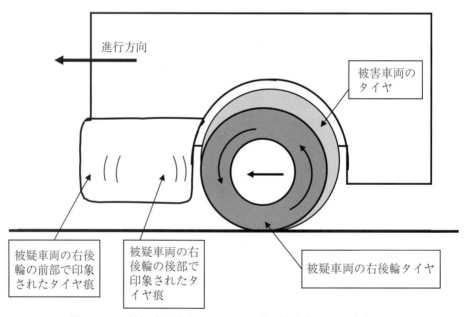

図 13.13　被疑車両右後輪のタイヤ痕の被害車両への印象状況

④　接触の強さについて推定し，被疑者が接触を認定できたか否かを調査する。

　両当事車両は，小さな角度で接触している。速度は，被疑車両の方が被害車両より速いことは明らかである。それは，前述のタイヤ痕が被疑車の右後輪の前の部分と後ろの部分により印象されているからである。

　被疑車両の速度が被害車両より遅いときは，被疑車両右後輪のタイヤの前部が接触しても，後部が印象され得ない。被疑車両の速度が被害車両より速いことは明らかであるから，接触形態は，図13.14(a)に示すように，被害車両が被疑車両の右後輪前部方向に接触させたものではない。それは被害車両の速度が遅く，被疑車両の速度が速い場合，接触の方向からすると，被疑車両の右後部フェンダー部が大きく凹むことになるが，ほ

とんど擦った程度のものであるからである。よって，被疑車両が被害車両のフロントバンパー左前に高速で進行し，接触したものである。図13.14(b)に示すように，被疑車両が被害車両の前に出て接触したことが明白になる。

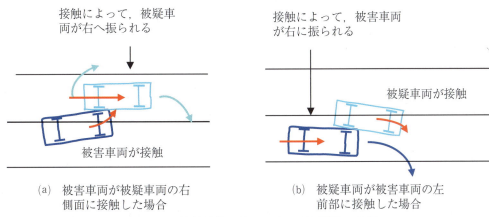

(a) 被害車両が被疑車両の右側面に接触した場合

(b) 被疑車両が被害車両の左前部に接触した場合

図13.14　接触形態の違いによる車両挙動の差異

(4) 接触地点の推定

被疑車両は被害車両の前方を高い速度で進行して接触したものと認められ，図13.14(b)で示した状態で接触したと推定された。被害車両は，接触後車体が右に振られ，中央分離帯方向に進行した。接触によって強く危険を感じた場合は，さらにハンドルを右に転把するため，車体は中央分離帯に向かうことになる。

図13.15は，被害車両の中央分離帯付近に印象されたタイヤ痕を示している。現場では，タイヤ痕が円弧状に印象されていて，被害車両は，中央分離帯に向かいながらハンドルを左に回転させていることが確認できた。

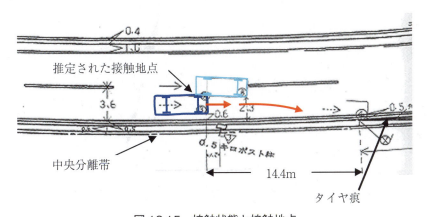

図13.15　接触状態と接触地点

被害車両は，接触してから右に振られて中央分離帯に向かうが，ハンドル操作を行って，ぎりぎり中央分離帯との衝突を回避したことが，中央分離帯付近に印象されたタイヤ痕か

ら認められた。被疑車両との接触後，被害車両は危険を感じてハンドル操作と制動操作を行ったものである。走行速度がおおよそ100〜120km/h（27.8〜33.3m/s）で走行していたと計算されたことから，反応時間を0.5秒として衝突地点は0.5秒×（27.8〜33.3m/s）＝13.9〜16.7m となり，中央分離帯に印象された制動痕始まりから後方に戻ること13.9〜16.7m付近と推定された。このようにして，制動痕から衝突地点を推定していくことが重要である。

　したがって，接触後の運動は，図13.15に示されるように，自動車工学上，２つの円運動を行って，中央分離帯付近に制動しながらスラローム走行したものと推定された。接触地点は，制動痕の始まり後方13.9〜16.7m の位置付近であると考えることができ，図13.15に示された地点を接触地点付近と考えて，矛盾がないのである。

⑸　**事故解明により導き出された被疑者の自供**

　車両挙動を明確にすることによって，物理法則から走行速度及び衝突速度が求められる。したがって，物的証拠を収集する実況見分が最も重要である。小さな痕跡も見逃さず，根気よく物的証拠を探すことである。

　本事例は物的証拠である様々な痕跡から事故の全容が明確にされたため，やっと，被疑者が逮捕された。これだけ全容が解明されると警察も自信をもって被疑者の尋問に当たれる。これまで容疑を強く否認していた被疑者は，警察の追及に対して，すべてを自供した。

索　引

【あ】

アンダーステア …………………………………54
安定性 ……………………………………………53

【い】

インナーライナー ………………………………33

【う】

ウィーブモード …………………………………70
ウォーターフェード ……………………………60
ウォブルモード …………………………………70
運行記録計 ………………………………………66
運動エネルギー …………………………………29
運動の法則 ………………………………………21
運動摩擦係数 ……………………………………14
運動摩擦力 ………………………………………14
運動量 ……………………………………………26
運動量保存の法則 …………………………26,28

【え】

エアバッグ ………………………………………75
ABS装置 ………………………………………37,39
エネルギー吸収特性 ……………………………86
エネルギー吸収分布図 …………………………88
エネルギー保存則 ………………………………31
エンジンリターダ ………………………………62
鉛直投げ上げ ……………………………………18
鉛直投げ下ろし …………………………………18

【お】

応急用タイヤ ……………………………………65
オーバーステア …………………………………54
オーバーラップ率 ……………………………150

【か】

カーカス …………………………………………33
ガウジ痕 ……………………………………………3
加速度 ……………………………………………15
片効きの安定性 …………………………………60
慣性の法則 ………………………………………22

【き】

生地痕 …………………………………………198
キャップサイズモード …………………………70

【く】

空気式リターダ …………………………………63
空走距離 …………………………………………65
空走時間 ………………………………………65,66

【け】

限界旋回速度 ……………………………………56
減速度 ……………………………………………16
原動機付自転車 ………………………………134

【こ】

剛体壁 ……………………………………………84
後部突入防止装置 ……………………………150
コード ……………………………………………33
コーナリング性能 ………………………………35
コーナリングパワ ………………………………35
弧度法 ……………………………………………25

【さ】

最人荷重 …………………………………………74
最大静止摩擦力 …………………………………14
サイドウォール …………………………………33

作用・反作用の法則·······22

【し】

仕事·······29
実効衝突速度·······84
質量·······23
自転車事故·······159
自動二輪車事故·······126
斜方投げ上げ·······20
車両挙動·······6
車両の重心位置·······79
縦断（横断）勾配·······24
自由落下·······17
重力·······23
重力加速度·······17,24
乗員質量の影響係数·······144
衝突角度·······4,28
衝突現象·······75
衝突直前速度·······82

【す】

水平投射·······19
スクータのバリア換算速度·······127
スタッドレスタイヤ·······48
ステア特性·······54
スピードスプレッド·······60
スリップサイン·······33
スリップ比·······37

【せ】

静止摩擦係数·······14
制動安定性·······61
制動距離·······48
制動初速度·······41
制動性能·······36
赤外線フィルム·······200
セリアル番号·······35
旋回性能·······53

前後ブレーキ配分·······61
前部突入防止装置·······150

【そ】

操縦性·······53
相対速度·······83
速度·······15
速度記号·······34
塑性衝突·······82

【た】

第1法則（慣性の法則）·······22
第3法則（作用・反作用の法則）·······22
第2法則（ニュートンの運動方程式）·······22
タイヤの呼び·······33
タコチャート·······67
縦滑り痕·······38
弾性衝突·······82

【ち】

直線上（1次元）の衝突·······82

【つ】

つぶれ比·······150

【て】

定常円旋回試験·······54
ディスクブレーキ·······62
電磁式リターダ·······63

【と】

等加速運動·······16
道路半径·······58
飛び出し角度·······4,28
飛び出し速度·······87
ドラムブレーキ·······61
トレッド·······33

【な】

夏用タイヤ················48

【に】

ニュートラルステア················54
ニュートン················23
ニュートンの運動方程式················22,23

【ぬ】

布目痕················198

【は】

排気リターダ················62
バリア換算速度················6,82,84,86
反射時間················65
反応時間················65
バンパーライン················6
反発係数················82

【ひ】

ビード部················33
ビードワイヤー················33
ひき逃げ事件················196

【ふ】

フェード················59
払拭痕················198,200
踏み変え時間················65
踏み込み時間················65
プライ················33
ブラックライト················200
プラットフォーム················33
ブレーカー················33
ブレーキ性能················53
ブレーキ配管················63

【へ】

ベーパロック················60
ベルト················33

【ほ】

ホイールベース拡張量················158
ホイールベースの縮小量················126
放物運動················19
ポール衝突················104,105
歩行者事故················159

【ま】

摩擦係数················37
摩擦仕事················29

【み】

未印象時間················43

【も】

潜り込む事故················150

【ゆ】

有効衝突速度················82,83

【よ】

横滑り痕················45

【ら】

ラジアルタイヤ················32

【り】

力積················26
リターダ················62
流体式リターダ················63

【れ】

轢過················202

著者紹介
山崎　俊一
やまざき　しゅんいち

〔略歴〕

1976年4月	㈶日本自動車研究所（JARI）に入所
	タイヤの力学，タイヤ痕からの交通事故解析，自動車事故解析（自動車，二輪車，歩行者事故）などに従事
1988年3月	タイヤの構造力学的研究にて博士学位を取得
2006年5月	自動車技術会フェロー会員認定
2008年3月	㈶日本自動車研究所退職
2008年4月	㈱知能自動車研究所設立　代表取締役

〔活動〕

1982年4月～現在	警察学校及び警察大学校講師（交通事故事件捜査教養講座）
2002年4月～2008年3月	金沢大学大学院自然科学研究科教授（客員）
2008年4月～現在	金沢大学大学院自然科学研究科外部講師

改訂版
交通事故解析の基礎と応用

平成21年 8 月20日　初　版　発　行
令和元年 7 月25日　改 訂 版 発 行
令和 6 年11月20日　改訂版 3 刷発行

著　者　　山　崎　俊　一
発行者　　星　沢　卓　也
発行所　　東京法令出版株式会社

112-0002	東京都文京区小石川 5 丁目17番 3 号	03(5803)3304
534-0024	大阪市都島区東野田町 1 丁目17番12号	06(6355)5226
062-0902	札幌市豊平区豊平 2 条 5 丁目 1 番27号	011(822)8811
980-0012	仙台市青葉区錦町 1 丁目 1 番10号	022(216)5871
460-0003	名古屋市中区錦 1 丁目 6 番34号	052(218)5552
730-0005	広島市中区西白島町11 番 9 号	082(212)0888
810-0011	福岡市中央区高砂 2 丁目13番22号	092(533)1588
380-8688	長野市南千歳町1005番地	

〔営業〕ＴＥＬ 026(224)5411　ＦＡＸ 026(224)5419
〔編集〕ＴＥＬ 026(224)5412　ＦＡＸ 026(224)5439
https://www.tokyo-horei.co.jp/

© SHUNICHI YAMAZAKI Printed in Japan, 2009
本書の全部又は一部の複写，複製及び磁気又は光記録媒体への入力等は，著作権法上での例外を除き禁じられています。これらの許諾については，当社までご照会ください。
落丁本・乱丁本はお取替えいたします。
ISBN978-4-8090-1402-4